ÉTUDE

SUR

L'INFANTICIDE

L'EXPOSITION

ET LA CONDITION DES ENFANTS EXPOSÉS

EN DROIT ROMAIN

DE LA

CONDITION CIVILE

DES ENFANTS ABANDONNÉS ET DES ORPHELINS

Recueillis par la charité privée ou par la charité publique,

ET DU PROJET DE LOI SUR LA PROTECTION DES ENFANTS ABANDONNÉS DÉLAISSÉS OU MALTRAITÉS

EN DROIT FRANÇAIS

PAR

Amédée BONDE

DOCTEUR EN DROIT

PARIS

ALPHONSE DERENNE

52, Boulevard Saint-Michel, 52

1883

ÉTUDE

SUR

L'INFANTICIDE

L'EXPOSITION

ET LA CONDITION DES ENFANTS EXPOSÉS

EN DROIT ROMAIN

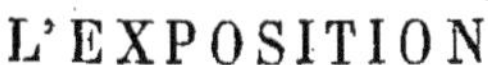

DE LA

CONDITION CIVILE

DES ENFANTS ABANDONNÉS ET DES ORPHELINS

Recueillis par la charité privée ou par la charité publique,

ET DU PROJET DE LOI SUR LA PROTECTION DES ENFANTS ABANDONNÉS DÉLAISSÉS OU MALTRAITÉS

EN DROIT FRANÇAIS

PAR

Amédée BONDE

DOCTEUR EN DROIT

PARIS

ALPHONSE DERENNE

52, Boulevard Saint-Michel, 52

1883

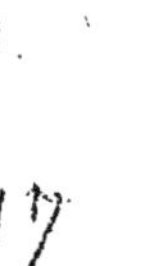

A MON PÈRE ET A MA MÈRE

A MON ONCLE

MONSIEUR H. GUDIN

Juge de paix à Lormes (Nièvre)

DROIT ROMAIN

ÉTUDE SUR L'INFANTICIDE

L'EXPOSITION

ET LA CONDITION DES ENFANTS EXPOSÉS

INTRODUCTION

Les auteurs latins qui ont étudié les lois et les mœurs en vigueur vers la fin de la République et sous les empereurs païens, sont unanimes à constater et à blâmer l'impunité garantie à l'infanticide sous ces diverses formes : avortement, strangulation ou exposition de l'enfant nouveau-né. Cette impunité attachée à des crimes qui révoltent la conscience, parait une véritable anomalie dans une société où la culture intellectuelle avait, comme la prospérité matérielle, atteint l'apogée de son développement.

Les interprètes modernes sont généralement portés à l'expliquer par l'organisation arbitraire de la famille et par les défauts d'une religion grossière et matérialiste. Pour certains d'entre eux, de même que l'infanticide appliqué au *partus ancillæ* et accompli sur l'ordre du maître était une conséquence du droit absolu de disposition reconnu à celui-ci sur ses esclaves, du *dominium* qui les mettait presque au rang des animaux domestiques ; de même, l'infanticide commis sur des enfants libres serait une application du *jus vitæ necisque* accordé au père sur les enfants soumis à sa puissance.

Cette idée n'est pas exacte. Son premier défaut est de ne pas expliquer pour quel motif l'infanticide et l'exposition pratiqués par des personnes qui n'exerçaient pas de puissance sur les enfants n'étaient frappés d'aucune pénalité. La mère qui égorgeait ou exposait son enfant contre la volonté de son mari, la courtisane qui détruisait dans son sein le fruit de ses débauches, la fille qui se débarrassait du *vulgo conceptus* auquel elle venait de donner le jour, agissaient d'autant moins clandestinement que l'acte était considéré comme licite. L'explication méconnait, en outre, le véritable caractère de la puissance paternelle, du *jus vitæ necisque*. Le père n'avait pas le droit de laisser ou d'enlever arbitrairément la vie à ses enfants, en ne prenant conseil que de son caprice. Dans la famille il était *administrateur, prêtre et juge*. Son fils commettait-il une action répréhensible, il statuait comme tribunal domestique et lui infligeait la peine qui lui semblait méritée. Il est vrai que ce tribunal n'était pas responsable, qu'aucune loi n'en limitait les attributions ; mais ce n'en était pas moins un tribunal. Les preuves à l'appui de cette doctrine sont nombreuses (1). Il est donc inadmissible que le père ait tiré de son *jus vitœ necisque* le droit d'enlever la vie à son fils nouveau-né.

Mais ce qu'il ne pouvait logiquement accomplir comme magistrat, ne le faisait-il pas, du moins, comme prêtre ? Des auteurs le pensent. Quand l'épouse donnait le jour à un enfant, il paraît que le père manifestait sa volonté de l'accepter comme membre de la famille en l'enlevant dans ses bras. Refusait-il d'accomplir cette formalité, c'était la preuve qu'il ne voulait pas comprendre le nouveau-né au nombre de siens. Ainsi exclu, l'enfant était condamné à la mort ou à l'exposition. Cette opinion est fondée sur une expression qu'on retrouve chez plusieurs auteurs.

Saltem si qua mihi de te *suscepta* fuisset
Ante fugam soboles.

VIRGILE, (*Enéide* liv. IV, V. 327).

Filiam quam ex te *suscepi*,

dit Pline-le-jeune, (*Epist.* IV, 1, 34).

On expliquerait une coutume aussi barbare par une idée religieuse. L'enfant, en qualité de membre de la communauté participera aux *sacra* du foyer et à la propriété collective. Or, il appartient au père, chef de la religion dans la famille et représentant des ancêtres, de décider s'il doit

1. Tite-Live, I, 26 ; II, 41 ; VIII, 7.

faire partie de leur descendance et prendre part aux sacrifices qui leur sont destinés (1). Cette explication ingénieuse est trop catégoriquement contredite par Denys d'Halicarnasse et Tertullien pour que nous puissions l'admettre.

L'organisation de la famille et la religion païenne ne sont nullement responsables de l'impunité assurée à l'infanticide et à l'exposition des enfants. Nous ne soutiendrons pas, cependant, que la famille telle que les Romains la concevèrent, et la religion païenne, fussent à l'abri de sérieuses critiques. Loin de là. Nous ne prétendons pas en faire l'apologie ; mais, nous ne voulons pas, non plus, dans le but de mettre en relief les avantages et les bienfaits incontestables répandus par le christianisme sur le monde, accuser la vieille religion romaine de prescriptions barbares qu'elles n'a jamais contenues, comme le peintre qui place des couleurs sombres sur certains points de sa toile pour faire ressortir les parties qu'il veut mettre en lumière.

L'explication cherchée nous sera fournie par une étude attentive de l'esprit qui a inspiré la législation relative aux personnes. A Rome l'organisation de la famille était tout artificielle : sa base était un intérêt politique et non la loi naturelle. Assurer le développement de la puissance romaine par le maintien des mœurs sévères et des idées religieuses des premiers âges, par la conservation de solides facultés intellectuelles et physiques unies à une discipline rigoureuse, tel était le but que se proposait le législateur,

1. Fustel de Coulanges, *Cité antique*. — Michelet, *De l'origine du droit*.

et dont nous retrouvons l'expression la plus énergique dans les fragments de la loi des Douze Tables qui sont parvenus jusqu'à nous. Avec de semblables principes poussés jusque dans leurs dernières conséquences, il devait arriver fatalement que l'individu fût sacrifié à l'État et que souvent la voix de l'humanité elle-même fût méconnue. C'est ce qui eut lieu. Les enfants nés débiles ou difformes auraient été gênants, dans une société pauvre où la force matérielle jouait un si grand rôle. La loi des Douze Tables prescrivit de les mettre à mort. Ainsi, se trouve ramenée à sa véritable limite la faculté de ne pas *suscipere liberos* qu'on a cru devoir expliquer par une idée religieuse et généraliser en l'appliquant à tous les enfants. Les *liberi non suscepti* étaient les créatures mal conformées que, dans l'intérêt de la cité, le père devait sacrifier sans miséricorde. Mais, l'intérêt public exigeait également que les nouveau-nés vigoureux et bien constitués fussent élevés avec soin ; aussi, comme nous le verrons plus loin, les lois de Romulus et des Douze Tables punirent-elles sévèrement la mise à mort ou l'exposition de ces enfants. Ce n'est que plus tard, avec le relâchement des mœurs et la diminution du respect pour la loi des Douze Tables, que l'impunité fût assurée à cette sorte de crime. Les raisons primitives n'ayant plus autant de force, on laissa peu à peu, par une coupable indifférence, s'introduire la coutume de tuer et d'exposer les enfants.

Nous étudierons dans une *première partie* l'infanticide et l'exposition pendant toute la durée du paganisme, puis sous les Empereurs chrétiens. Nous verrons également, et dans un chapitre spécial, l'avortement. Dans une *seconde partie* nous rechercherons quelle était la condition légale des enfants exposés et recueillis, par l'examen des rares dispositions législatives qui nous ont été transmises sur ce sujet.

PREMIÈRE PARTIE

De l'exposition et de l'infanticide.

CHAPITRE I

DE L'EXPOSITION ET DE L'INFANTICIDE DEPUIS L'ORIGINE DE ROME JUSQU'A CONSTANTIN (PAGANISME).

§ 1. — Denys d'Halicarnasse est un des rares écrivains qui nous renseignent sur le droit de Rome à l'époque obscure de son origine. La nation romaine composée d'aventuriers à moitié barbares obligés à une lutte continuelle contre les voisins qu'ils avaient dépossédés, ne connaissait, dans le principe, ni commerce ni industrie, sources principales de la richesse d'un pays. Elle ne tirait ses moyens d'existence que du travail de la terre et du pillage, moyens qui nécessitent essentiellement des hommes vigoureux. Cette raison d'ordre économique explique les prescriptions de Romulus sur le sort des enfants nouveau-nés. Tout d'abord, ce prince voulant que la cité renfermât dans son sein les habitants indispensables pour assurer sa défense et la reproduction des citoyens, ordonna d'élever les enfants mâles et les premières nées des filles, laissant aux parents, s'ils le jugeaient convenable, la liberté d'exposer les filles puînées. En outre, il défendit de tuer aucun enfant au-dessous de trois ans. Quant à ceux qui naîtraient difformes ou monstrueux, il permit au père de les tuer ou de les exposer, pourvu que cinq proches voisins, après les avoir examinés, eussent approuvé cette mesure. Enfin, il établit des peines sévères contre les citoyens qui enfreindraient ses lois. Une d'elles consistait dans la confiscation de la moitié des biens (1).

Ainsi, remarquons le bien, la puissance du père sur ses enfants ne lui donnait pas, en règle générale, le droit de vie et de mort sur les nouveau-nés, et il était puni s'il les tuait ou les exposait en dehors des cas prévus et des règles imposées.

§ 2. — Il est certain que dans les premiers temps de la fondation, il n'existait pas de législation positive. Les seules sources du droit étaient la coutume et l'arbitraire des rois (l. 2 § 1, *de origine juris*). Aussi, la question se pose-t-elle de savoir si les décisions de Romulus, en ce qui touche les enfants nouveau-nés, furent ratifiées par ses successeurs.

Bien que nous ne puissions baser une opinion sur aucun texte, nous pensons néanmoins que les dispositions que nous avons vues furent maintenues, tant à cause du res-

1. Denys d'Halicarnasse, *Antiquités romaines*, liv. II.

pect qui s'attachait au souvenir de Romulus, placé au rang des dieux, que de la situation économique de la cité, qui s'était peu sensiblement modifiée. Néanmoins, les dispositions cruelles envers les fils et les filles durent disparaître assez promptement. Quand Rome fut prospère et n'eût plus rien à redouter de ses voisins, ces distinctions auraient été injustifiables.

§ 3. — Vers la fin du IIIe siècle, le peuple qui avait multiplié ses efforts pour arracher aux patriciens l'établissement d'une législation fixe obtint qu'on envoyât en Grèce une députation chargée d'en étudier les lois. C'est à la suite de ce voyage que fut rédigée la loi des XII Tables. Un passage de Cicéron nous apprend qu'elle contenait une prescription aux termes de laquelle le père devait tuer, sur le champ, l'enfant difforme (1). Cette injonction, évidemment inspirée par les théories de Lycurgue (2), était plus rigoureuse que la loi de Romulus, en ce sens que ce fut pour le père une obligation de donner aussitôt la mort au nouveau-né difforme, et qu'il jugeait seul, sans contrôle, de la question de savoir si la conformation de l'enfant le rendrait plus tard impropre à servir la cité (3).

1. ... *Deinde cum esset cito necatus, tanquam ex duodecim tabulis insignis ad deformitatem puer* (*de legibus*, liv. III, cap. 8).

2. Peu après la naissance de l'enfant, le père devait le porter dans un lieu appelé *Leschée*, où s'assemblaient les plus anciens de la tribu. Ceux-ci visitaient l'enfant, et s'il était bien conformé et de complexion robuste, ils ordonnaient qu'on le nourrit ; s'il était chétif ou contrefait, ils l'envoyaient jeter dans un gouffre voisin du mont Taygète et qu'on appelait les *Apothètes*. — Plutarque (*Vie de Lycurgue*).

3. En supprimant l'obligation de requérir l'avis des voisins, les décem-

§ 4. — La loi fut, paraît-il, malgré sa cruauté, exécutée rigoureusement quand l'enfant naquit monstrueux ; elle se convertit en une coutume qui traversa les siècles. Sénèque nous atteste qu'à son époque elle était encore en vigueur dans les termes suivants : « Nous noyons, dit-il, les enfants monstrueux et ceux qui naissent débiles ou difformes » (1). Il ne faut chercher la persistance de cette habitude (2) ni dans la barbarie, ni dans le patriotisme des parents, mais dans l'esprit de superstition des citoyens romains. Un enfant mal venu ou monstrueux était un être de mauvais augure (3) qui souillait la cité et dont la mort devait être agréable aux dieux (4). Cependant, la basse spéculation leur sauvait souvent la vie. Des marchands d'esclaves les achetaient, augmentaient même parfois leur difformité

virs pensèrent, dit un auteur moderne, qu'il était moins barbare de les tuer aussitôt que d'attendre qu'ils eussent vécu quelque temps (Bouchaud, *Comment. de la loi des XII Tables*).

1. *De ira*, cap. 15; voir aussi *Controv.*, lib. 5-33.

2. Un des successeurs de Justinien, l'empereur Maurice, par un retour à l'ancienne loi ordonna, à ce que relate l'historien Nicéphore (18, 35), de mettre plusieurs de ces monstres à mort.

3. Ammien Marcellen raconte le fait suivant : « Il naquit à Daphné, magnifique et agréable campagne aux environs d'Antioche, un monstre horrible ; c'était un enfant qui avait deux bouches, deux dents et une barbe, quatre yeux et deux oreilles très courtes. — *Cette production informe*, ajoute-t-il naïvement, *présageait que la République allait être bouleversée*. Il naît souvent de pareils prodiges qui annoncent des révolutions prochaines » (lib. 19, cap. 12).

4. L'histoire nous rapporte plusieurs exemples d'enfants monstrueux noyés par ordre des pontifes : Tite-Live, lib. 27, cap. 37 — l. 29, c. 22. — Alph. a Carranza, *De partu naturali et legitimo*, c. 17, § 94, p. 658.

lorsqu'ils la jugeaient insuffisante, et les revendaient pour être exhibés en public (1).

§ 5. — Arrivons au meurtre et à l'exposition des enfants valides. La loi des douze tables qui donne au père le droit de vendre et de tuer ses fils et ses filles, lui interdit, cependant, ainsi que l'avait fait Romulus, de mettre à mort et d'exposer les nouveau-nés. Le texte qui renferme cette prohibition ne nous a malheureusement pas été conservé, mais son existence paraît attestée par un fragment de Tertullien ainsi conçu : « *Non aliter vos quoque infanticidæ qui infantes quidem necantes legibus quidem prohibemini.* » Et un peu plus loin : «... *tabellis eluduntur* (2). » Le texte est tronqué, mais sa signification ne laisse aucun doute dans l'esprit de certains interprètes (3).

§ 6. — On peut conjecturer que pendant un certain temps la pénalité eut rarement l'occasion de s'appliquer. En effet, tant que les Romains furent pauvres, les mœurs conservèrent leur pureté et la débauche avec son cortège de criminelles conséquences resta chose presque inconnue. L'affection des parents pour leurs enfants, l'absence presque complète de ces unions d'un jour et, par dessus tout, le respect des lois furent une barrière à l'infanticide et à l'exposition. Mais, peu à peu, avec le développement de la fortune publique, la corruption pénétra dans le peuple. Des

1. Senèque, *Controv.*, lib. X, déclam. 4.
2. *Ad nationes*, lib. 1, cap. 15.
3. Gérard Noodt : *De partus expositione et nece* (*opera omnia*, tome 2).

faits pour ainsi dire inconnus autrefois devinrent de moins en moins rares et, par une coupable faiblesse, le pouvoir au lieu de sévir avec énergie laissa les pénalités tomber en désuétude. C'est alors que la coutume de tuer et d'exposer les nouveau-nés commença à s'introduire, se substituant par degrés à la loi prohibitive. Refus d'accomplir les devoirs de la paternité, haine du mari envers sa femme et réciproquement, déception concernant le sexe de l'enfant, caprice ou cruauté du maître en ce qui touche le *partus ancillæ*, débauche chez les courtisanes que des enfants eussent gênées dans leurs débordements : telles furent bien souvent, avec la misère, les causes qui engendrèrent ces deux crimes.

Les princes eux-mêmes n'hésitèrent pas à donner l'exemple. Suétone raconte qu'Auguste défendit de reconnaitre et d'élever l'enfant qui naquit à sa fille Julia après sa condamnation (1). Nous avons cité plus haut un texte de Tertullien où il reproche aux gentils cette barbare coutume. Nous pouvons invoquer un témoignage plus probant encore, celui de Tacite. Parlant des Juifs, il dit que, chez eux, tuer les enfants nouveau-nés est regardé comme un crime (2). Dans son ouvrage sur les mœurs des Germains (3), il s'exprime ainsi : « Limiter le nombre des enfants ou les tuer peu après leur naissance est un fait déshonorant. » Et il ajoute cette réflexion empreinte d'une amertume manifeste :

1. *Octavio*, cap. 65.
2. *Historiæ*, lib. V, 5.
3. *De mor. Germ.*, XIX.

« *Plusque ibi valent bonœ mores quam alibi bonœ leges* ! » Evidemment. il présente cette coutume des Juifs et des Germains comme une *res nova* digne d'être admirée et imitée par ses concitoyens ; et, si Rome où la civilisation fleurissait dans tout son éclat n'eût pas connu la barbare habitude de tuer et d'exposer les nouveau-nés, il n'aurait pas songé à mettre en relief des mœurs qui ne sont que le strict accomplissement des devoirs imposés par la nature. Enfin, l'exclamation qui termine n'est-elle pas une nouvelle preuve de l'existence de lois formelles devenues lettre morte?

§ 7. — Après avoir été punis, ces crimes ne furent donc pendant une longue période, frappés d'aucune pénalité. Mais cela ne veut pas dire que celui qui exposait son enfant était, pour l'avenir, à l'abri de toute poursuite civile, quel qu'eût été le sort de l'exposé.

S'agissait-il de l'exposition d'un enfant légitime par la volonté de son père? Nous trouvons au Digeste et au Code des textes importants qui nous font connaître les conséquences civiles résultant pour le père du refus d'accomplir les devoirs imposés à sa paternité.

Le *sénatus-consulte plancien* se place dans l'hypothèse d'un divorce. L'épouse se dit enceinte. Dans les trente jours qui suivent le *repudium*, elle doit notifier sa grossesse à son mari. Celui-ci reconnaît alors sa paternité ou lorsqu'il a des doutes sur l'exactitude de la déclaration, envoie des gardiens pour surveiller sa femme. S'il n'envoie pas de gardiens on ne notifie pas à sa femme qu'elle n'est pas enceinte de ses œuvres, il est obligé de reconnaître l'enfant (*l.* 1, § 1 *de agnosc. et alend. lib. Dig.*). D'après un sénatus-consulte rendu sous Hadrien, la nécessité de reconnaître l'enfant peut également être imposée au père pendant le mariage (*l.* 3 *eod. tit.*). Il s'agit probablement, comme le soupçonne Cujas, du cas où le mari reste longtemps éloigné de sa femme pour une cause fortuite. A cette époque les présomptions relatives à la durée de la grossesse n'étant pas fixées d'une manière absolue par la loi, mais abandonnées aux lumières du juge, la femme dût, sans doute, pour éviter qu'à son retour le mari ne déniât sa paternité, lui faire une *denuntiatio* à laquelle il eût l'obligation d'opposer une dénégation formelle ou d'envoyer des gardiens sous peine de ne pouvoir désavouer l'enfant.

Supposons donc que le père n'a ni dénié sa paternité, ni envoyé de gardiens, mais a fait exposer l'enfant. Celui-ci recueilli et élevé aura l'action *de partu agnoscendo* et s'il établit sa filiation, son père sera obligé de le reconnaître. Le père refuse-t-il, cependant, de le recevoir à son foyer, de le nourrir et de lui donner l'éducation qu'il lui doit, l'enfant s'adressera au Président ou au Consul. Les faits établis, le père sera condamné à lui fournir des aliments dans la mesure de ses facultés, et, s'il n'y veut pas consentir, la sentence sera exécutée *pignoribus captis et distractis*. C'est le *remedium majori trimo petenti* (l. 9 *de patria potestate*, *Code*, — l. 5, *de agnoscend, et alend, lib. Dig.*).

Les deux conséquences qui précèdent ne sont pas les seules auxquelles l'exposition peut donner lieu. Si le père, quand l'épouse lui a dénoncé sa grossesse conformément au *sénatus-consulte Plancien* refuse de reconnaître l'enfant, la l. 1 *de agnosc.* etc. lui inflige une peine extraordinaire appelée *denuntiata* par la l. 9, (*supra*) et *denuntiati* par les interprêtes (1). Cette peine, de même que l'action *de partu agnoscendo* ne paraît pas être spéciale au cas prévu par la loi 1, mais applicable dans toutes les circonstances où un père *renie son fils* (2), ce qui se présente manifestement quand il l'expose. Quelle en est la nature? La loi 1 ne nous le dit pas. Il est certain, toutefois, qu'elle est civile, c'est-à-dire infligée par le prêteur et non par le préfet qui exerçait alors le *merum imperium*. Cela résulte de l'inscription de la loi 1 : « Ulpianus, lib. 34, *ad Edictum* ». Elle consiste en une amende ou en une saisie suivie de vente des biens.

Quand l'enfant était un *vulgo conceptus* exposé par une mère qui voulait faire disparaître les traces de sa faute, jouissait-il de l'action *de partu agnoscendo* et du *remedium majori trimo*? C'est demander, en d'autres termes, si la recherche de la maternité était admise. L'affirmative n'est pas douteuse ; elle résulte de la l. 5, *de in jus vocando*, 2, 4, Dig. Or, la mère naturelle étant, aussi bien que la mère légitime, soumise à l'obligation de nourrir ses enfants, les deux ressources précitées appartiennent évidemment au *vulgo conceptus*.

1. Cujas, *Recitationes*. Gérard Noodt (*loco cit.*).

2. *Nec filium negare cuiquam esse liberum, senatusconsulta... ac denuntiata pœna... declarant* (l. 9, *de patria potestate*)

Quant au maître, non-seulement il était à l'abri de toute poursuite civile de la part de l'esclave qu'il avait exposé; mais, comme nous le verrons, il eut toujours, jusqu'à Alexandre Sévère, le droit de le revendiquer.

Ainsi, les seules conséquences que l'exposition comportât contre l'exposant étaient civiles. On ne songea pas quand des faits de cette nature se produisirent à réprimer les atteintes portées à la morale publique : on vit uniquement l'intérêt de l'enfant, la nécessité pour les parents de le reconnaître et de pourvoir à son éducation. Aussi, quand au lieu de l'exposer ils préféraient lui donner la mort, étaient-ils assurés d'une impunité absolue.

§ 2. — L'absence de châtiment criminel et surtout les sollicitations du vice et de la misère, l'un et l'autre toujours grandissants, augmentèrent les infanticides et les expositions à tel point qu'on s'en émut. A la fin du deuxième siècle, le jurisconsulte Paul, un des conseillers de Septime Sévère et de Caracalla s'écriait : « On doit regarder comme meurtrier, non-seulement celui qui étouffe son enfant dans le sein qui l'a conçu; mais aussi, celui qui le rejette et lui refuse des aliments; et celui qui l'expose dans un lieu public, faisant appel à une pitié que lui-même n'a pas eue » (25, 2, 4, Dig.) (1). Sous l'influence des

1. Des auteurs prétendent, en se basant sur ce texte de Paul, que l'infanticide et l'exposition étaient punis dans le droit classique (voir la polémique entre Gérard Noodt et Bynkershoek. G. Noodt, t. 2, *amica responsio*). — Voir aussi Accarias, t. 1, n° 77ª, p. 169, note 2). Ce n'est pas notre avis. En écrivant ces mots Paul émettait un précepte et non une règle de droit; il réclamait, et ne créait pas, un châtiment qui lui paraissait néces-

idées chrétiennes, il se produisit enfin un soulèvement d'opinion dont les hommes éminents se firent les échos, préparant les voies pour une législation sévère.

saire. Il est vrai qu'étant jurisconsulte officiel, ses opinions avaient force de loi; mais, dans l'espèce, pour que sa doctrine fût admise comme droit positif, il fallait déterminer la peine qui serait infligée; on ne le fit que beaucoup plus tard.

CHAPITRE II

DE L'EXPOSITION ET DE L'INFANTICIDE A PARTIR DE CONSTANTIN (INFLUENCE DU CHRISTIANISME).

En pénétrant à Rome le christianisme y introduisit des doctrines bien différentes de celles qui avaient dominé jusqu'alors. Basé en partie sur la force, principe des peuples primitifs et des sociétés matérialistes, l'ancien monde était naturellement porté à affecter un certain mépris pour ce qu'il y a de plus faible sur la terre : l'enfant. Au contraire, le spiritualisme chrétien avec sa sublime devise : la charité, devait entourer cet âge de soins plus nombreux, en raison même de sa faiblesse. Le Christ et ses apôtres avaient prêché partout l'esprit de dévouement, le relévement des faibles et des humbles. *Sinite parvulos venire ad me*, s'était écrié le divin révolutionnaire, réunissant et confondant dans un même amour sans distinction de classes ni de conditions, l'enfant du pauvre et celui du riche, de l'esclave et de l'ingénu. Comment s'étonner si ces idées trouvèrent un accueil sympathique dans tous les cœurs élevés et si le christianisme fit rapidement à Rome un nombre considérable de prosélytes ! Battu en brèche par la religion nouvelle, le paganisme commença bientôt à chanceler sur sa base. Aussi, les fidèles observateurs du culte des ancêtres ne reculèrent-ils devant aucun moyen, voire même devant de honteuses calomnies, pour arrêter l'envahissement des nouvelles doctrines. C'est ainsi qu'ils convertirent en un crime monstrueux le dévouement des chrétiens envers l'enfance. « Ils égorgent de jeunes enfants, disaient-ils, et emploient leur sang dans des cérémonies religieuses. » Tertullien s'éleva avec indignation contre une imputation de cette nature, ne comprenant pas comment les Gentils chez lesquels l'infanticide s'exerçait quotidiennement sous toutes ses formes avaient l'audace de lancer de pareilles accusations contre leurs adversaires (1).

Quand Constantin, le premier empereur chrétien, fut monté sur le trône, on put espérer que l'on réprimerait enfin une coutume si énergiquement réprouvée par le christianisme. Mais, il est difficile de changer brusquement des mœurs en vigueur depuis plusieurs siècles ; d'autant plus que l'exposition et l'infanticide avaient fréquemment alors une excuse dans la misère. On ne doit donc pas s'étonner si l'on ne trouve sous Constantin aucune constitution qui range l'infanticide et l'exposition parmi les crimes du droit commun et en punisse rigoureusement les auteurs. Ce n'est pas à dire pour cela que l'empereur ne prit aucune mesure pour restreindre le nombre de ces crimes, loin de là.

§ 1. — Tout d'abord, convaincu que leur principale source était le dénuement des parents, il adressa à Ablavius, Préfet du prétoire, la constitution suivante. « Nous

1. *Ad nationes, lib. 1, cap* 15. *Apologet. advers. gent. c.* 9.

voulons que la loi qui empêche les parents de commettre un parricide soit répandue dans toute l'Italie. Si quelqu'un vous apporte un enfant qu'en raison de son extrême indigence il ne peut élever, les devoirs de votre charge sont de lui procurer sur le champ la nourriture et les vêtements ; car, les besoins de l'enfant à sa naissance ne souffrent aucun retard. Nous viendrons en aide aux parents sur les biens de notre fisc et sur ceux de notre patrimoine privé, indistinctement (1). » Ces derniers mots montrent l'intention de Constantin de mettre en pratique les maximes de désintéressement de la religion chrétienne. Agissait-il par conviction religieuse ou par politique, pour éviter qu'on ne dît de lui que ménager de son patrimoine privé, il était aisément prodigue de la fortune publique : nous ne saurions nous prononcer. Quoi qu'il en soit, l'exemple partant de si haut devait avoir une heureuse influence sur le sort d'un certain nombre d'enfants en poussant les riches citoyens dans la voie de la bienfaisance.

L'honneur de ce premier progrès ne revient pas entièrement à Constantin. L'initiative de la loi est due à Lactance, précepteur de Crispus, fils de l'Empereur. C'est lui qui fit connaître à Constantin l'extension qu'avait prise la coutume de tuer et d'exposer les enfants et l'engagea à y porter remède. En même temps il s'efforçait de soulever contre elle l'opinion publique. « Peut-on penser qu'il soit permis de tuer des nouveau-nés, acte qui constitue la

1. Code Théod. l. 1, 2-27.

dernière des impiétés? Dieu les a créés, en effet, pour vivre et non pour mourir... Que dirai-je des citoyens qu'une fausse pitié pousse à les exposer? Sont-ils donc à l'abri de tout reproche, ces parents qui jettent leurs enfants, leurs propres entrailles, en pâture à des chiens et, par ce moyen, les tuent beaucoup plus cruellement que s'ils les étranglaient » (1).

§ 2. — Vers la même époque, Constantin s'occupa de nouveau des enfants. Depuis, Dioclétien son prédécesseur, leur vente par des parents même plongés dans une indigence extrême était prohibée. Constantin renouvela la prohibition, mais par une importante exception, il autorisa la vente lorsque l'enfant était encore *sanguinolentus* (2). Cette restriction semble contraire aux théories du christianisme et plus en rapport avec les mœurs païennes. En réalité, la pauvreté du Trésor et l'intérêt des enfants l'imposaient. Si le droit accordé au père de manciper son enfant avait engendré des abus, il était une ressource pour les parents indigents qui ne pouvaient se résoudre à commettre un infanticide. La suppression de cette faculté fut, peut-être la cause de la recrudescence remarquée, dans le nombre de ces crimes. Ce fut donc un nouveau moyen de sauver des enfants; par conséquent, une disposition conforme aux devoirs de l'humanité. Il eut mieux valu, sans doute, ne pas faire revivre une législation qui, au mépris de la dignité de l'homme, traitait l'enfant comme une chose mer-

1. *Divin. instit. lib*, 6, *cap.* 20.
2. Code Théodosien. V. 8.

cantile. Mais comment y suppléer? En ouvrant aux frais du Trésor des hospices pour les enfants? En généralisant le système des secours alloués aux parents pauvres? Une pareille innovation eut bientôt épuisé les ressources du fisc. L'avenir se chargea de le démontrer.

§ 3. — Les deux lois que nous venons d'examiner ne produisirent pas les heureux résultats qu'on en attendait. Non-seulement les infanticides et les expositions ne diminuèrent pas, mais le nombre s'en accrut sensiblement. En outre, le Trésor fut bientôt incapable de suffire aux nombreuses demandes de secours formées par les parents pauvres chargés d'enfants. Cessant alors de puiser dans les biens du fisc, Constantin voulut pousser les citoyens à recueillir les enfants en rétablissant, ou plutôt en confirmant, la législation qui permettait de réduire ces malheureux en esclavage et en enlevant au père aussi bien qu'au maître le droit de réclamer l'enfant qu'il avait exposé (*Cod. Théod. l.* 1, *de expositis, V.* 7). Par la première de ces deux dispositions, il faisait, de nouveau, un pas en arrière; mais la loi présentait, du moins, l'avantage d'empêcher les enfants exposés de périr sans secours. Leur liberté était le prix de la vie qu'on leur conservait.

§ 4. — Enfin, les empereurs Valentinien, Valens et Gratien prirent la grande mesure réclamée depuis longtemps par les philosophes chrétiens : ils prohibèrent l'exposition et l'infanticide : « Que chacun nourrisse ses enfants, dit la *loi* 2, *de infant. exposit. au Code*; si on les expose on tombera sous le coup de la peine qui a été établie. » L'explication de ces derniers mots a fait le désespoir des interprètes. Quelle est la peine dont il est ici question? Aucun texte ne l'indiquant d'une manière positive, on a dû recourir aux conjectures. Voyons un des systèmes les plus sérieux, celui d'Accurse (1). Ce jurisconsulte établit une distinction qui, au premier abord, semble assez séduisante. Si l'enfant a été exposé dans un lieu fréquenté, ce choix prouvant de la part de l'exposant l'intention, non de lui donner la mort, mais de rejeter sur autrui la charge de son éducation, il est puni *extra ordinem*, en vertu de la disposition contenue dans la *loi* 1, § 4 *de agnosc. et alend lib.* (25, 3, *Dig*). « *Si partum non agnoverit, extra ordinem coerceatur.* » Si au contraire, l'enfant a été abandonné dans une forêt ou quelque autre lieu solitaire où il est en danger de périr par la faim, le froid ou la dent des bêtes fauves, cette circonstance indiquant clairement le désir de tuer l'enfant, l'exposant est puni par la loi 15 *ad legem Corneliam de sicariis* au Digeste (XLVIII, 8), ou par la loi *Pompeia de parricidiis* (48, 9, Dig.) qui, l'une et l'autre comprennent l'infanticide, dans la généralité de leurs termes. Dans ce système, les empereurs ne seraient les auteurs ni de la peine applicable à l'exposition, ni de celle qui frappe le meurtre du nouveau-né.

Cette doctrine n'est pas exacte. La peine extraordinaire dont parle Ulpien, est une peine civile infligée par le préteur. Nous l'avons démontré (2). Quant à l'abandon dans un

1. Grande Glose, liv. 5, comm. de la l. 2, VIII, 52 au code.
2. Page 19.

lieu solitaire, la *loi* 15 *ad legem Corneliam* et la *loi Pompeia* ne concernaient certainement pas les enfants nouveau-nés. Constatons d'abord que dans l'opinion du peuple, tant que l'enfant n'avait pas reçu les soins d'une nourrice, c'est à peine, s'il était compté au rang des hommes (1). En second lieu, et ceci est péremptoire, si les textes invoqués se fussent appliquées, pourquoi les empereurs Valentinien, Valens et Gratien auraient-ils fait une loi, la *loi* 8 *ad legem Cornel. de sicariis* (IX, 16) au Code, destinée à punir le meurtre de l'enfant.

A notre avis la loi unique qui frappe à la fois le meurtre et l'exposition du nouveau-né est précisément cette même *loi* 8 dont nous venons de parler. Elle est ainsi conçue : « *Si quis necandi infantis piaculum aggressus agressave sit, sciat se capitali supplicio esse puniendum.* » Comme on le voit, elle vise exclusivement l'infanticide. Mais, quelle étendue fallait-il donner au mot *necandi* ?

On appliqua sans difficulté la *loi* 8 à l'abandon dans un lieu désert, la mort de l'enfant étant ordinairement certaine et l'intention de le faire périr évidente. Il n'en fut pas de même sur la question de savoir si la loi comprenait l'exposition dans un lieu public, fait qui paraissait moins grave, puisque l'enfant avait des chances d'être recueilli. Le préfet du prétoire Probus auquel la loi fut adressée eut des doutes. Il les fit connaître aux empereurs qui, pour mettre fin à toute controverse, écrivirent la loi 2 où ils assimilèrent

1. Philon le juif, *de vita Mosis.*

complètement l'exposition au meurtre de l'enfant. Ce qui donne un poids considérable à cette présomption, c'est que la loi 2 est adressée au même fonctionnaire et la même année 374. La raison qui dut pousser les empereurs à généraliser l'application de la *loi* 8 se tire de considérations physiologiques fort justes. Au début de la vie, l'homme est plus faible que tous les animaux : il exige un dévouement continuel. Est-il négligé, aussitôt ses jours sont en danger. L'abandonner même dans un lieu public à l'inclémence des saisons, est donc, très souvent, le condamner à mort (1).

§ 5. — Comment expliquer la rigueur de la pénalité ? Sous le règne des trois empereurs, l'Orient et l'Occident étaient dévastés par les barbares. La misère devenait de plus en plus considérable. Pour beaucoup de parents, les enfants étaient une charge dont ils se débarrassaient en les vendant, en les donnant en gage, en les tuant ou en les exposant. La proportion des infanticides sur les naissances était devenue telle que les empereurs voyant la dépopulation s'accroître, ne trouvèrent pas d'autre moyen pour la diminuer, que de recourir à la peine capitale. Mais, que peut une peine si rigoureuse soit-elle contre les suggestions de la misère ?

Le seul remède à un état de choses aussi déplorable :

1. « Rarum est ut expositi vivant. Caducum circa initia animal homines sumus... Vos ponite ante oculos puerum statim neglectum, cui mori domi expediret; inde nudum corpus, sub cœlo inter feras et volucres : video moveri, mulier, lacrimas tuas. » (Quintilien, *Déclam.* 306).

la prospérité publique par le développement de l'agriculture, du commerce et de l'industrie, n'était guère au pouvoir des empereurs. Pour en arriver là, il fallait chasser les barbares, mettre fin aux luttes politiques et religieuses, œuvre bien au-dessus des forces de ces souverains de la décadence! Aussi, qu'arriva-t-il? Les infanticides et les expositions continuèrent; et, comme on se sentit impuissant à empêcher des crimes trop souvent excusables, on laissa dormir le châtiment qui devint, de la sorte, plutôt comminatoire qu'effectif.

§ 6. — Les deux lois ne s'appliquaient qu'aux enfants libres. La mise à mort et l'exposition des nouveau-nés esclaves ne furent frappés criminellement qu'à partir de Justinien (1). Jusque là, la seule conséquence qu'elles entraînèrent pour le maître consista dans la défense de revendiquer l'enfant, même en remboursant les dépenses au bienfaiteur qui l'avait recueilli. « *Nec enim quis suum dicere poterit quem per euntem contempsit* » disent les empereurs dans la *loi* 2 (*supra*), et après eux Honorius et Théodose (*l.* 2, *liv.* V, *tit.* VII *Code Théod.*).

§ 7. — La législation des trois empereurs fut maintenue par Justinien, et, si l'on en juge par le ton général de la *novelle* 153, la peine ne resta pas lettre morte, mais fut énergiquement appliquée. Parlant de ceux qui abandonnent leurs esclaves nouveau-nés, Justinien s'écrie :

1. Novelle 153, caput. 1.

« *Quo reliqui moderatiores fiant, extremis pœnis subjici decet.* » (*Præfatio*). Et, un peu plus loin : « *Neque illi qui hæc faciunt, legum nostrarum pœnas effugient* » (*cap.* 1).

CHAPITRE III

DE L'AVORTEMENT

Occupons-nous maintenant de l'avortement, variété d'infanticide dont la nature et les développements à travers les siècles demandent une étude spéciale. Il est certain que les Romains des premiers âges ne connurent pas ce crime qu'aucune considération économique ne pouvait justifier et que la sévérité des mœurs rendait presque impossible. Il est donc tout naturel qu'il n'existe aucune disposition punissant l'avortement, ni sous Romulus et ses successeurs, ni dans la loi des XII Tables.

Quand Rome fut dans toute sa splendeur et que l'Univers vaincu se fût vengé en introduisant dans la ville éternelle le luxe et la débauche (1), ce crime devint fréquent parmi les classes aisées. Sénèque nous en fournit la preuve dans ses *consolations à sa mère Helvia*. « Vous n'avez jamais eu honte de votre fécondité, lui dit-il ; vous n'avez pas, suivant l'habitude de ces femmes qui placent le mérite dans la beauté des formes, dissimulé votre grossesse comme si elle eut été engendrée par un indécent fardeau. Vous n'avez pas, non plus, détruit dans vos entrailles les enfants

1. Luxuria incubuit, victumque ulciscitur orbem (Juv. sat. 6).

dont vous attendiez la naissance. » Il fallait, certes, que le vice eût fait bien des ravages pour qu'une femme d'un rang élevé puisât une partie de la considération dont on l'entourait dans une fécondité qu'aucune manœuvre abortive n'était venue paralyser (1).

Il est certain que l'avortement n'était alors frappé d'aucune peine ; sinon, il ne serait devenu ni si fréquent, ni si général. Pourtant, il existe au Digeste un fragment du jurisconsulte Tryphoninus d'où il semble résulter que déjà, à l'époque de Cicéron, l'avortement était puni. « Cicéron, dit ce jurisconsulte, écrit dans son discours *pro Cluentio Avito* : En Asie, une femme de Milet s'étant fait avorter à l'aide d'un breuvage et dans l'intérêt d'héritiers dont elle avait reçu une somme d'argent, fut condamnée à mort » (2). Cet exemple ne prouve rien. La condamnation dont il s'agit a été prononcée, non pas à Rome, mais en Asie, par une nation sanctionnant, sans doute, son propre droit.

Certains philosophes et jurisconsultes avaient du reste, sur la question une théorie curieuse, bien faite pour enlever tout scrupule aux femmes que la voix de la conscience aurait pu retenir : avant sa naissance l'enfant n'est qu'une

1. Ce témoignage prouve que Juvénal n'exagère pas trop dans les vers suivants de la fameuse satire 6 :

> Jacet aurato *vix nulla* puerpera lecto ;
> Tantum artes hujus, tantum medicamina possunt,
> Quæ steriles facit atque homines in ventre necandos,
> Conducit (vers 594 à 598).

2, L. 39, *de pœnis*, Dig.

portion des entrailles de la mère ; ce n'est pas un homme. L'avortement n'est donc pas un infanticide. « *Partus antequam edatur, mulieris portio est vel viscerum* » (1). Papinien exprime la même idée dans des termes à peu près identiques (2).

Cette doctrine démoralisatrice, communément admise, si nous en croyons Tertullien, fut vivement attaquée par les philosophes chrétiens. « Empêcher de naître est un homicide anticipé. Il n'y a aucune différence entre arracher la vie à un enfant après sa naissance et le détruire dans le sein de sa mère. Car, de même que le fruit est déjà tout entier dans la semence, de même l'homme qui verra le jour suivant l'ordre naturel des choses, est déjà un homme (3). » Ces paroles inspirées par la logique et l'humanité et les progrès de plus en plus grands du mal eurent enfin le résultat désiré : l'avortement fut puni. « Un rescrit du divin Sévère et d'Antonin est ainsi conçu : Que celui qui a eu recours à des manœuvres pour détruire l'enfant avant sa naissance soit puni d'un exil temporaire (4). » Marcien qui rapporte ce rescrit ajoute : « Il est indigne de la part d'une femme de tromper impunément l'espoir de son mari. »

L'avortement fut donc frappé bien avant l'exposition et la mise à mort de l'enfant nouveau-né. Cela tient à deux

1. Ulpien, l. 161, 25-4, Dig.
2. L. 9, 35-2, Dig. Voir également sur ce point Plutarque, *de placitis philosophorum*, lib. 5, cap. 15.
3. Tertullien, *Apologet.* cap. 9; Athenagoras : *Legatio pro christianis* ; et Lactance, *divin. instit.*
4. L. 4, *de extraordin. crimin.* Dig.

raisons. Quand l'habitude de recourir à des breuvages abortifs, après être restée longtemps inconnue, se fut introduite, elle se généralisa rapidement et devint bientôt une vraie plaie sociale, à une époque où l'exposition et l'infanticide n'avaient pas encore atteint des proportions inquiétantes. En second lieu, l'avortement, pratiqué plus particulièrement dans les classes riches, avait ses sources dans la débauche, le chagrin de l'altération des formes, la crainte des charges de la maternité, et parfois, comme nous l'apprend Tryphoninus, la haine envers le mari, motifs inavouables, à l'égard desquels aucune excuse n'était admissible. L'infanticide proprement dit et l'exposition trouvaient bien souvent, comme nous l'avons vu, une circonstance atténuante dans la misère des parents. De là l'impunité dont ils jouissaient encore, quand depuis longtemps l'avortement était frappé par la loi.

DEUXIÈME PARTIE

De la condition des enfants exposés.

CHAPITRE I

DANS QUELLE CLASSE DE PERSONNES SONT COMPRIS LES ENFANTS EXPOSÉS.

§ 1. — Jusqu'à Justinien la personne qui avait recueilli un enfant abandonné, avait le droit de lui donner la condition d'esclave. Il est probable, même, qu'à l'origine, la loi plus sévère plaçait *de plano* l'enfant exposé dans cette condition, ce qu'il est facile de justifier. A l'époque des rois et pendant une partie de la République, l'austérité des mœurs rendait très rares les expositions d'enfants. On pouvait donc présumer, avec une sorte de certitude, quand ce fait se produisait, qu'il n'existait pas de parents assez dénaturés pour livrer ainsi à une mort presque certaine leur propre enfant, et que l'exposé était un *partus ancillæ*. Dans la suite, il est vrai, une semblable présomption n'aurait plus eu aucune valeur. C'est alors qu'on accorda à celui qui recueillait l'abandonné la faculté dont nous avons parlé, faculté plus favorable aux enfants exposés qu'elle ne le paraît tout d'abord. On voulait, par ce moyen, en sauver le plus grand nombre. L'humanité chez certains citoyens, l'intérêt matériel chez d'autres, devaient concourir pour les empêcher de périr misérablement de froid et de faim. En fait, une quantité considérable d'entre eux tombait dans les chaînes de l'esclavage. Sénèque nous l'atteste dans ses *Controverses*. « Les enfants exposés n'appartiennent à aucune classe de la société, ils sont esclaves. Le législateur a jugé à propos qu'il en fût ainsi (1). »

Telle était leur condition quand Constantin monta sur le trône (2), avec cette aggravation, toutefois, que la corruption des mœurs s'étant notamment accrue, les filles étaient bien souvent élevées pour la prostitution (3). Malgré l'antipathie que le christianisme manifestait pour l'esclavage, ce prince craignant que la charité privée ne fût insuffisante pour recueillir tous les enfants exposés n'hésita pas à confirmer la législation jusqu'alors en vigueur.

1. Controv. 33. — Il ne faudrait pas en conclure que, sous le règne de Néron, l'enfant exposé était encore de plein droit esclave et que son bienfaiteur devait l'affranchir s'il voulait le traiter comme un fils. Firmicus Maternus et Lactance, contemporains de Constantin, tiennent un langage semblable à celui de Sénèque (*infra*) ; et il est certain, cependant, que dès avant ce dernier prince l'enfant ne devenait pas esclave par le fait seul de l'exposition (voir la l. 15, *de nuptiis*, V, 4, au Code).

2. « *Expositi nutriuntur laqueis servilibus implicati* ». Firmicus Maternus, *Astronomie*.

3. « *Addixit certe sanguinem suum ad servitutem, vel ad lupanar* ». Lactance, *Divines institutions*.

Une de ces constitutions contient la déclaration suivante : « Que celui qui a recueilli un enfant abandonné le garde dans la condition qu'il lui a donnée, (c'est-à-dire *comme esclave* ou *comme fils*) (1) ». Dans la suite, une constitution des empereurs Honorius et Théodose visant spécialement les enfants esclaves ou affranchis exigea de celui qui recueillait un de ces enfants certaines formalités. Il dut dresser un acte en présence de témoins et le soumettre ensuite à la signature de l'évêque et des clercs (2). Ce procédé n'était pas nouveau. Constantin avait exigé la rédaction d'un acte semblable par la personne qui achèterait à l'avenir un enfant *sanguinolentus*. La formalité était imposée dans le propre intérêt de celui qui recueillait l'enfant. Elle avait pour but de le mettre en sécurité contre les accusations de *plagium* ou de *furtum*. Quant au choix de l'évêque pour donner un caractère de solennité à l'acte, il s'explique par l'influence prépondérante qu'avaient acquise les représentants de la religion. Dans un siècle où les règles du droit n'étaient plus guère observées, les dignités ecclésiastiques étaient presque les seules qui inspirassent le respect et la confiance, grâce à la probité reconnue aux citoyens qui en étaient investis.

§ 3. — De même que le sauveur de l'enfant pouvait le réduire en esclavage, il avait la faculté de le placer dans la classe des affranchis et d'exercer sur lui la *jura patronatus* comme à l'égard d'un affranchi ordinaire. Cela est

1. Code Théod., l. 1, *De expositis* (V, 7).
2. Code Théod., l. 2, d°.

du moins vrai sous Constantin, ainsi que semblent le démontrer les mots : « *Retineat sub eodem statu quem apud se recollectum voluerit agitare* » (l. 1, *loco. cit.*) (1).

§ 4. — A plus forte raison pouvait-il le traiter comme son fils. « *Sive filium esse maluerit* » dit la loi 1. Mais, dans quel sens ces mots doivent-ils être entendus ? Signifient-ils simplement que le bienfaiteur a la faculté de l'élever en qualité d'homme libre, avec les soins d'un père pour son enfant ; ou bien, faut-il aller plus loin et décider qu'il peut lui conférer légalement, par l'adoption, tous les droits que possèdent les enfants suivant la nature ? Dans le premier cas, l'enfant n'étant uni à son bienfaiteur par aucun lien légal est et demeure *sui juris* ; dans le second il devient *alieni juris* en tombant sous la puissance paternelle de l'adoptant. La solution de cette question a donc une sérieuse importance.

§ 5. — En admettant que le bienfaiteur de l'enfant puisse le faire entrer légalement dans sa famille, une raison de forme et une raison de droit, tout à la fois, s'opposent à ce qu'il recoure à l'adoption dans son sens étroit. En effet, l'adoption, mode usité pour les *alieni juris*, s'accomplissait, avant Justinien, au moyen de mancipations suivies d'une *addictio* en faveur de l'adoptant. La condition de l'enfant et les formalités employées impliquaient

1. Jacques Godefroy (J. Gothofredus), *Commentaire du Code Théod.* Les mots : *sive servum, sive filium, esse maluerit*, qui expliquent le sens de la phrase, seraient, non pas limitatifs, mais simplement énonciatifs.

nécessairement la participation principale à l'acte de la personne, père ou aïeul paternel, sous la puissance de laquelle il se trouvait, ce qui, du reste, était indispensable, puisque l'adoption avait pour effet de dépouiller le père ou l'aïeul de sa puissance au profit d'un tiers. Sous Justinien, l'adoption en faveur d'un *extraneus* produit des effets beaucoup moins étendus ; mais le père y joue encore un rôle principal : il se rend auprès du magistrat, et en présence de l'adoptant et de l'adopté déclare sa volonté qui est constatée dans les *acta publica*. Or, le père de l'enfant exposé est inconnu ; on ignore et s'il est encore vivant et quelle est la nature de sa paternité. En effet, l'enfant peut être issu *ex concubinatu*, être *vulgo conceptus*, avoir pour parents des esclaves unis par le *contubernium*, hypothèses où le père ne posséda jamais une puissance qui fut l'apanage exclusif des *justæ nuptiæ*. L'adoption n'est donc pas possible. En est-il de même de l'adrogation, forme employée pour les *sui juris*? Quand l'adrogation des impubères fut permise, dans tous les cas les enfants exposés furent susceptibles d'être adrogés, en admettant qu'ils fussent considérés comme *sui juris*. C'est ce que nous allons examiner.

§ 6. — Quelle est exactement la filiation, et, par suite, la condition de ce malheureux être trouvé sur la voie publique exposé à la pitié des passants? C'est une question à laquelle personne ne peut répondre. Sa naissance étant entourée de voiles, il n'est, en principe, ni légitime, ni naturel, ni libre, ni esclave. Mais, par le fait même de son existence, il est indispensable, à moins de le mettre en dehors du droit commun, de le comprendre dans une des classes de personnes.

Il est possible que dans les premiers siècles, pour la raison que nous avons fait valoir précédemment, la loi le déclarât esclave. Nous n'avons aucune donnée précise sur ce point. Mais, plus tard, quand les expositions furent fréquentes, l'enfant devint esclave seulement au cas où son sauveur lui imposa cette condition. Par conséquent, à partir de cette époque incertaine, l'enfant exposé, recueilli et non destiné à l'esclavage, fut, par la force des choses, libre et *sui juris*.

§ 7. — Il nous est facile, maintenant, d'expliquer le sens des mots « *sive filium esse maluerit.* » Constantin veut dire que le bienfaiteur de l'enfant peut à son choix l'élever sans se l'attacher par aucun autre lien que celui de la reconnaissance, ou l'adroger comme il serait libre de le faire de tout autre *pater familias*. Ce système nous semble d'autant plus exact qu'à cette époque, le père ou le maître par l'ordre ou à la connaissance desquels l'exposition s'est accomplie, perdent leur puissance et ne la recouvrent même pas en offrant de rembourser l'intégralité des dépenses (1).

Mais, nous objectera-t-on, il se peut que l'enfant ait été exposé contre leur volonté, cas où ils ne sont frappés d'au-

1. Bien avant Constantin, Tertullien (*adversus nationes*, cap. 15) nous apprend que l'adoption était déjà possible. « ... *Imprimis quum infantes vestros alienæ misericordiæ exponitis, aut in adoptionem melioribus parentibus.* »

cune déchéance. Nous répondrons que cette circonstance étant rare, la loi ne pouvait pas en faire l'objet d'une présomption générale, et que, d'ailleurs, il n'était pas possible, ignorant la filiation de l'enfant et les particularités de son exposition de le regarder comme *alieni juris*.

§ 8. — Si plus tard le père ou le maître établit sa qualité et prouve que l'exposition a eu lieu malgré lui, à partir de la *litis contestatio*, le droit nu qu'il avait conservé se complète. L'adrogation cesse alors comme elle cesserait par une émancipation, mais les effets qu'elle a valablement produits sont maintenus : ainsi, l'adrogeant conserve les biens acquis par l'adrogé à son profit.

§ 9. — Quand l'enfant n'était ni réduit en esclavage ni adopté, la question se pose de savoir si on lui nommait un tuteur. La réponse doit être la même que pour les enfants issus *ex concubinatu*, et les *vulgo concepti*, car il existe entre leur condition réciproque une grande analogie. Or, aucun texte ne nous renseigne sur ce point. Nous pensons, avec M. Accarias, qu'en pratique on les mettait en tutelle seulement quand il leur advenait des biens (1).

Une fois pubères ils peuvent, en toute liberté, se marier, contracter, recevoir par donation ou testament, transmettre leurs biens soit à leur postérité, soit à des étrangers. Jus-

1. Tome I, n° 124, note 2 — argument des lois 3. C. *quando mul.*, V, 35 et 4, C. *de conf. tut.*, V, 29.

tinien leur reconnaît formellement ces droits (l. 3 VIII; 51 Code).

§ 10. — Enfin cet empereur fit le dernier pas dans la voie où Constantin s'était engagé avant lui. Il interdit de réduire en esclavage les enfants exposés, même s'ils étaient recueillis dans ce but; « afin, dit-il, de ne pas paraître acquérir une marchandise, là où il n'y a en jeu qu'un devoir d'humanité. »

Que l'enfant ait pour auteurs des parents ingénus, affranchis, colons ou esclaves, il est et doit demeurer toujours libre et ingénu (l. 3, 8-51). Justinien rappelle qu'une de ces lois confirmant l'édit de l'empereur Claude, donne la liberté à l'esclave malade délaissé par son maître. « Souffririons-nous donc, ajoute-t-il, qu'on plaçât dans les chaînes d'une servitude inique des malheureux, abandonnés peu après avoir vu le jour ? (l. 4 *eod. tit.*)(1). Si plus tard, quelqu'un prouve que l'enfant est son esclave, son colon ou son affranchi et revendique l'exercice des droits de maître ou de patron, l'enfant restera néanmoins libre et ingénu, à moins, toutefois, que le revendiquant n'établisse que l'exposition a eu lieu malgré lui (l. 1 *eod. tit.*).

§ 11. — Justinien ne nous apprend pas si, à l'exemple de Constantin il prononce également contre le père la déchéance de ses droits sur l'enfant. Un texte inséré au Code, la loi 16 *de nuptiis*, semble trancher la question dans le sens de la négative. Nous croyons cependant que la puissance

1. Voir aussi nov. 153, cap. 1.

paternelle est perdue comme la puissance dominicale. Nous le démontrerons plus loin. Par suite, et *a fortiori*, les enfants exposés peuvent être, comme dans la législation précédente, adoptés sans qu'aucun obstacle juridique vienne s'y opposer.

CHAPITRE II

DROIT DE RÉCLAMATION PAR LES PARENTS OU LES MAITRES DE LEURS ENFANTS OU ESCLAVES EXPOSÉS.

§ 1. — Sur l'exercice du droit de réclamation, nous devons distinguer suivant que l'enfant exposé est né de parents libres ou esclaves, suivant que la personne par laquelle il a été recueilli en a fait un esclave ou l'a élevé comme son fils. De là quatre hypothèses.

a. — L'enfant né d'une *ancilla* a été élevé comme libre. Si le maître veut revendiquer sa propriété, il doit intenter l'action préjudicielle ayant pour objet la *vindicatio in servitutem*. Suivant les principes généraux, c'est à lui de prouver son droit, et tant que sa démonstration n'est pas faite, l'enfant reste libre. Ajoutons que la personne dont la liberté est mise en question ne pouvant pas plaider elle-même, l'enfant est représenté par son bienfaiteur qui joue le rôle *d'assertor libertatis*. Le maître, une fois son droit de propriété établi, n'en recouvre pas immédiatement l'exercice ; il doit au préalable rembourser les dépenses occasionnées par l'enfant (*l.* 1, *VIII*, 52 *Code*). Le bienfaiteur jouit, du reste, à cet effet, de l'exception de dol.

b. — L'enfant né libre a été réduit en esclavage. L'action préjudicielle constitue, dans ce cas, une *proclamatio in libertatem*. Le père se porte *assertor*, fait la preuve de son droit, recouvre l'exercice de sa puissance et rembourse les dépenses, sauf compensation avec les services que l'enfant a pu rendre.

Dans les deux hypothèses précédentes il s'agit d'une question d'état. Dans la troisième la puissance paternelle est seule en jeu. La quatrième soulève simplement une question de propriété.

c. — L'enfant doit le jour a des parents libres et à conservé sa condition d'origine. Si le bienfaiteur refuse de reconnaître les droits invoqués et de restituer l'enfant, le père peut, à son choix, le poursuivre soit par le *præjudicium de patria potestate*, soit par une revendication (*l.* 1, § 2, *de rei vind. VI, I Dig.*).

d. — L'enfant réduit en esclavage est réclamé par un maître : on suit les règles ordinaires de la *rei vindicatio*.

§ 2. — Pendant longtemps le père et le maître eurent dans tous les cas le droit de réclamer l'enfant exposé. En d'autres termes, ils conservèrent absolument, l'un sa puissance paternelle, l'autre son *dominium*. En l'année 224, une Constitution d'Alexandre Sévère (1) apporta une puissante restriction au droit de réclamer les enfants exposés ; elle interdit toute revendication aux maîtres et patrons par l'ordre ou du consentement desquels l'exposition avait eu lieu. Constantin établit la même prohibition à l'égard du père. Justinien au Code reproduit, à la fois, et la constitu-

1. L. 1, VIII, 52, Code. — Constitution renouvelée par Constantin, puis par Honorius et Théodose (Code Théod., V, 7).

tion d'Alexandre Sévère contre les maîtres et les patrons et une constitution de Dioclétien et Maximien (l. 16, *de nuptiis*, II, 4) qui conserve au père, auteur de l'exposition, le droit de réclamer son enfant. Faut-il donc en conclure que, moins sévère que Constantin, Justinien ne range pas l'exposition parmi les cas de déchéance de la puissance paternelle ? Cette doctrine nous paraît inadmissible. Comment, en effet, concilier une pareille mansuétude envers le père avec l'*animadversio constituta*, c'est-à-dire, la peine de mort dont il le menace ? A notre avis, la *loi* 16 a été insérée par mégarde. Le *titre* 52 du livre 8 dont la loi 1 reproduit la constitution d'Alexandre Sévère contre les maîtres et les patrons s'applique dans toutes ses dispositions aux enfants libres comme aux enfants esclaves ; la rubrique nous l'apprend : « *De infantibus expositis liberis et servis.* » Le doute n'est donc pas possible. Cujas distingue. D'après lui, la *loi* 16 s'appliquerait quand la misère serait la cause de l'abandon ; dans toute autre hypothèse, la puissance paternelle serait perdue (1). Cette distinction ne repose sur aucun fondement. Rien ne l'autorise. Il ne nous est pas possible de l'admettre (2).

1. *Recitationes*, lib. 9 (*ad titul.*, 52).

2. A la mort de l'enfant sans descendance, son père, qui l'a exposé, se présente et réclame ses biens, est-il admis à les recueillir ? Peut-être, dès le règne de Trajan, la *pœna denunciati*, l'excluait-elle déjà de la succession (voir Grégoire de Toulouse, *Syntagma juris universi*, lib. 45, cap. 10, § 12). Constantin ayant déclaré le père déchu de sa puissance, cette déchéance dut, *a fortiori*, emporter l'exclusion dont nous parlons. Quant au maître qui peu après la naissance de son esclave l'a fait ex-

§ 3. — Nous avons supposé l'exposition volontaire de la part du père ou du maître. Il arrive parfois qu'elle a lieu à leur insu et contre leur gré : c'est, par exemple, une épouse divorcée qui se débarrasse de son enfant par haine envers son mari, une *ancilla* qui expose clandestinement son part. L'exposition peut également avoir eu lieu à la suite d'un *furtum*. Dans ces différentes hypothèses, le père et le maître eurent toujours le droit de réclamer l'enfant. Mais, la dernière se sépare des précédentes sur la question du remboursement des dépenses. Quand l'enfant a été enlevé et que le ravisseur l'a fait passer pour exposé, aucune indemnité n'est due au voleur pour ses dépenses (*l.* 1 *loc. cit.*).

S'il le vend comme esclave à un tiers, une distinction est nécessaire. L'acquéreur est-il de bonne foi, c'est-à-dire convaincu que le vendeur est légalement le maître de l'enfant, le père ou le maître revendiquant doit lui rembourser ses dépenses, sauf à faire entrer en compensation les services rendus par l'enfant. Le remboursement est garanti par l'exception *doli mali* qui compète au possesseur. L'acquéreur est-il de mauvaise foi, connaissant l'origine de l'enfant, il est assimilé au voleur et n'a ni action, ni exception pour obtenir le remboursement de ses dépenses.

§ 4. — Quelle est l'étendue de l'obligation de rembourser ? Embrasse-t-elle les dépenses voluptuaires aussi bien

poser, il perd, à partir d'Alexandre Sévère, la puissance qu'il possédait sur lui, et, par suite, n'a plus aucun titre pour réclamer ses biens.

que les dépenses nécessaires et utiles? Il faut appliquer les principes généraux en matière de revendication, en écartant les dépenses voluptuaires. S'il en était autrement, le bienfaiteur de l'enfant pourrait, dans le but de mettre des entraves à la réclamation, faire de nombreuses dépenses que le père ou le maître serait dans l'impossibilité de restituer. La constitution d'Alexandre Sévère est conçue dans ce sens: *Restitutio ita fiet ut, si quæ in alendo eo vel forte ad discendum artificium juste consumpta fuerint, restituas.* » Les frais de nourriture étant nécessaires, ceux d'apprentissage utiles doivent donc être remboursés. Mais, dans quelle classe ranger les frais de l'instruction? Si elle se borne à la moyenne de celle que possèdent les autres citoyens, les dépenses qu'elle entraine font certainement partie des dépenses utiles. Si elle embrasse un champ plus vaste et comprend des connaissances d'un ordre supérieur, l'éducateur en supporte les frais. Nous nous garderons bien du reste, de croire cette théorie absolue. Si le réclamant est le père et possède une fortune qui lui eût permis de donner à son enfant une brillante éducation, le juge statuant *ex æquò et bono* le condamnera à supporter toutes les dépenses de cette nature. Qu'il agisse comme père ou comme maître, s'il est pauvre, la condamnation pourra se réduire aux dépenses d'aliments. Telle est, du moins, l'opinion de Proculus (l. 27 § 1 *de rei vind.* VI. I, *Dig.*).

§ 5. — La restitution de l'enfant, et sa liberté, lorsqu'elle est en jeu, sont-elles soumises à la condition du remboursement? S'il a été élevé comme esclave et est revendiqué par un maître, le débat portant simplement sur une question de propriété, le maître revendiquant devra, au préalable, rembourser la somme fixée par le juge. Si l'enfant, né dans l'esclavage, a été élevé comme libre, la solution sera la même. La constitution d'Alexandre Sévère applicable à ces deux hypothèses ne laisse place à aucun doute « *si partus ancillæ vel adscriptitiæ... expositus sit... restitutio ejus* ita fiet ut *si quæ... consumpta fuerint restituas* (1). En outre, nous croyons que dans le second cas l'enfant reste libre jusqu'au remboursement, en vertu de la règle : *Libertas omnibus rebus favorabilior est* » (2). Si l'enfant tombé dans l'esclavage est réclamé par son père, sa liberté n'est certainement pas subordonnée au remboursement. Cela résulte d'un rescrit adressé à Pline par l'empereur Trajan, et dans lequel nous lisons : « La liberté ne doit pas être rachetée pour le prix des aliments » (3). Cela résulte également de cette autre règle du droit civil : « *Libertas inæstimabilis res est* » (4). Mais l'enfant ne peut-il pas tout au moins être gardé comme une sorte de gage garantissant la restitution ? Non, car ce serait assimiler l'enfant libre à une chose, et en dehors de la faculté quelque peu exorbitante reconnue au père de manciper son fils, le droit romain ne poussa jamais jusqu'à ce point le mépris de la dignité humaine.

1. Quintilien de son côté n'est pas moins explicite : « alimenta soluisti, computasti mecum ut expositum reciperes » (Déclam. 279).
2. L. 122, *De div. reg. juris*, 50-17, Dig.
3. Lib. 10, Epist. 71.
4. L. 106, 50-17, *de div. reg.* Dig.

§ 6. — Les différents textes qui s'occupent du droit de réclamer l'enfant supposent tous que le réclamant est le père ou le maître et qu'il revendique l'exercice de sa puissance. Mais il devait se présenter des cas où le réclamant n'exerçait sur l'enfant aucune puissance, bien qu'uni à lui par les liens les plus étroits.

C'est une mère, après le décès de son mari ou après le divorce ; ce sont deux personnes unies par le concubinat ; c'est une femme dont l'enfant est un *vulgo quæsitus*. A aucune époque la mère n'exerça la puissance paternelle sur ses enfants même légitimes, et il en fut ainsi du père à l'égard de ses enfants issus *ex concubinatu* bien que sa paternité fût légalement certaine et qu'il existât entre lui et eux des obligations réciproques.

Jouissent-ils, néanmoins, quand ils sont restés étrangers à l'exposition, de la faculté de réclamer l'enfant en faisant, bien entendu, au préalable, la preuve de leur qualité ? Le titre de père ou de mère de l'enfant exposé ne suffirait pas à lui seul pour justifier leur demande. Mais, la loi leur reconnaît à l'égard de leurs enfants des devoirs qui sont, en même temps, des droits. Ils sont chargés de leur garde matérielle, de leur instruction et de leur direction morale. Ces attributions n'ayant aucun caractère d'irrévocabilité peuvent, très probablement, leur être retirées pour être confiées à d'autres quand l'intérêt de l'enfant l'exige. Pour ces raisons, nous pensons que le juge statuant suivant l'équité, devait prendre exclusivement pour guide l'avantage de l'enfant et accorder la restitution ou la refuser, d'après les circonstances : l'enfant est-il devenu esclave, en le déclarant libre il ordonnera de le rendre au réclamant. Est-il élevé comme un fils, s'il craint qu'il ne trouve dans sa famille naturelle des exemples de corruption, que son éducation ne soit négligée ou tout-à-fait abandonnée, tandis que jusqu'alors son bienfaiteur, honoré pour ses vertus, l'a entouré de soins éclairés et dévoués, il devra, tout en constatant en présence des preuves, sa filiation à l'égard du réclamant, écarter la prétention de ce dernier.

Si l'enfant a été adopté par son bienfaiteur, la réclamation ne fera pas cesser l'adoption, puisque dans les diverses hypothèses supposées l'enfant était, lors de l'exposition, ou est devenu depuis, *sui juris*, et que l'on n'oppose aucune puissance paternelle a celle que le bienfaiteur a acquise. Le seul effet de la réclamation sera d'établir la filiation, résultat dont l'utilité se manifestera surtout en matière de succession.

CHAPITRE III

DROIT ACCORDÉ AUX ENFANTS EXPOSÉS DE RECHERCHER LEUR FILIATION

§ 1. — Les enfants exposés peuvent avoir un puissant intérêt à établir leur filiation. S'ils ont été réduits en esclavage, étant issus de parents libres, leur condition deviendra toute différente. En admettant même qu'ils aient conservé la liberté, ils seront désormais appelés à exercer les différents droits de succession auxquels aura donné ou donnera lieu le décès de leurs agnats et de leurs cognats. Nous pensons que le droit de prouver leur filiation ne leur fut jamais refusé. Pline le jeune dans ses lettres (1) nous fournit la preuve qu'à son époque l'*assertio*, ou droit de réclamer sa condition d'homme libre, compétait à l'enfant exposé. Cet auteur ayant des doutes sur le point de savoir si les constitutions relatives aux enfants exposés régissaient la Bithynie s'adressa à Trajan qui lui répondit par le rescrit suivant : « Il ne faut pas refuser l'*assertio* θερπτοῖς, c'est-à-dire à ceux qui nés libres, exposés et recueillis par une personne quelconque, ont été élevés comme esclaves. »

Cependant Godefroy, dans son commentaire du Code

1. Lib. 10 *Epist.* 71.

Théod. entend la constitution de Constantin (*Code Théod. l. 1, V. 7*) en ce sens que cet empereur enleva aux enfants exposés de naissance libre le droit de revendiquer leur liberté. Il déclare qu'en refusant la *repetitio* au père et au maître et l'*assertio* aux enfants, la constitution n'avait rien d'inique, puisque son but était de porter un coup à la coutume d'exposer les enfants. Nous avons peine à croire que Constantin ait introduit une réforme de cette nature.

Il est vrai qu'il refusa la *repetitio*, ce que l'intérêt de la société et des enfants justifiait pleinement, mais il ne dit pas que ces derniers perdraient à l'avenir le droit de réclamer leur condition libre. En effet, le texte de la loi 1 (*supra*) est ainsi conçu : « *Omni repetitionis inquietudine penitus submovenda eorum qui servos aut liberos ubjecerint.* » L'*assertio* et la *repetitio* sont deux droits différents, et il nous semble peu logique d'appliquer à l'un et à l'autre une disposition qui n'atteint que le second. Cela est d'autant plus exact que le refus de l'*assertio* eût été injustifié et contraire aux théories du christianisme. Injustifié, puisqu'en recouvrant la liberté, l'enfant ne devait pas retomber sous une puissance paternelle qui était perdue ; contraire au christianisme, puisque celui-ci était hostile à l'esclavage et que si Constantin permit d'y soumettre les enfants exposés, il le considéra comme un mal destiné à en faire disparaître un pire.

Sous Justinien, tous les enfants exposés devenant libres et *sui juris*, la question ne se pose plus.

§ 2. — Quelques mots maintenant sur la procédure

suivie en cette matière. Si l'enfant est esclave, il devra établir qu'il est homme libre par le *præjudicium de libertate*. S'il est élevé comme libre, il ne s'agira plus que d'une question de filiation qui sera résolue par le *præjudicium de partu agnoscendo*.

Cette dernière action résulte du sénatus-consulte Plancien quand l'enfant exposé a été conçu pendant le mariage et est né depuis le divorce de sa mère, en supposant que celle-ci n'a pas dénoncé sa grossesse ou a refusé les gardiens qui lui étaient envoyés. Elle résulte du sénatus-consulte rendu sous le règne d'Hadrien (l. 351 *de agnos. et alend lib.*, Dig.), lorsque l'exposition a eu lieu dans toute autre circonstance. C'est à ces textes législatifs que font allusion les empereurs Dioclétien et Maximien en disant : « Il n'est permis à personne de dénier sa paternité, comme le déclare manifestement les sénatus-consultes *de partu agnoscendo* (1). »

Si le fils est esclave, et dans l'impossibilité de restituer actuellement les dépenses, sa liberté ne sera pas subordonnée à leur remboursement. Le rescrit de Trajan le déclare dans les termes suivants : « *neque ipsam libertatem redimendam pretio alimentorum* (2). »

§ 3. — Si l'enfant réussit dans sa réclamation et que son père soit encore vivant retombe-t-il sous sa puissance ? Cela fut vrai indistinctement jusqu'à l'époque où il fut

1. Loc. cit.

2. J. Godefroy (Gothofredus). Comment. du titre *de expositis* au code Théodosien (V, 7).

interdit au père qui avait exposé l'enfant de le revendiquer. A partir de ce moment, il est certain que la filiation établie par le jugement rendu sur la réclamation de l'enfant ne dut pas produire indirectement un résultat auquel le père ne pouvait arriver en agissant lui-même. Dans ce cas, le fils, s'il n'avait pas été adopté précédemment, devint ou resta libre et *sui juris*.

Put-il néanmoins venir à la succession de son père avec les enfants restés en puissance ? Aucun texte ne prévoit cette question, mais elle est résolue par les principes généraux. Le droit civil appelait, en premier ordre à la succession du père, les enfants qui étaient sous sa puissance lors de son décès. Quand le droit prétorien eut rangé les *sui juris* parmi les héritiers siens, les enfants exposés, à l'exception de ceux qui avaient été adoptés par leur bienfaiteur et non émancipés, purent succéder comme les enfants restés en puissance, et sous la condition d'apporter leurs biens propres dans la masse commune.

§ 4. — Si l'enfant ne prouve sa filiation qu'après le décès de son père, à une époque où les héritiers sont déjà investis de la succession, il n'en est pas, pourtant, écarté définitivement. En effet, le père conserve-t-il sa puissance, s'il n'a pas exhérédé l'enfant, celui-ci recueille les biens en invoquant l'omission dont il a été l'objet (l. 29, 40-4, *Dig.* (1). Est-il déchu, l'enfant arrive à la succession, en

1. L'héritier investi sera dépossédé, mais conservera les fruits comme tout possesseur de bonne foi.

vertu du droit prétorien par la *bonorum possessio contra tabulas*, à condition, toutefois, d'agir dans un certain délai depuis l'ouverture des Tables (l. 2 *princip*. 37, 11 *Dig*.). En cas d'exhérédation il a la ressource de la *querela inofficiosi testamenti*.

CHAPITRE V

DES MESURES PROTECTRICES DES ENFANTS EXPOSÉS RÉALISÉES PAR LA CRÉATION D'HOSPICES ET L'ASSISTANCE DE L'ÉGLISE ET DE L'ÉTAT.

Jusque vers la fin du ve siècle de l'ère chrétienne, les enfants exposés étaient toujours recueillis par des bienfaiteurs ou des spéculateurs agissant individuellement. La charité collective n'avait pas encore créé d'établissements destinés à les recevoir. Mais, en se développant et en s'enracinant de plus en plus, le christianisme devait enfin réaliser ce progrès. Un texte des empereurs Léon et Anthémius, inséré au Code de Justinien, la loi 32 *de episcopis et clericis*, liv. I, tit. 3, nous fait connaître l'existence d'hospices où l'on recevait des orphelins (*Orphanotrophia*). Ces établissements ouvraient-ils également leurs portes aux enfants exposés, c'est ce que nous ignorons. Toujours est-il que sous le règne de Justinien il existait sous le nom de *Brephotrophia* des hospices pour les enfants trouvés.

Si nous recherchons maintenant quelle était la condition des enfants qu'ils recueillaient, la loi 32 (*supra*), applicable, malgré la généralité de ses termes, aux deux catégories d'enfant (1) et la *novelle* 131, chapitre XV nous

1. C'est ce qui résulte de la rubrique du titre 3.

l'apprennent. Les administrateurs des hospices sont considérés comme les tuteurs et les curateurs des enfants; mais, ils jouissent du privilège de n'être assujettis à aucune des garanties de la tutelle. Léon et Anthémius expliquent cette faveur en disant qu'il serait dur et inique de blesser par des procédés plein de défiance des citoyens que la crainte de Dieu pousse à élever, avec une véritable affection paternelle, de malheureux enfants sans parents et sans ressources. En conséquence, ils sont chargés de protéger et de défendre leur personne et leur patrimoine sans être obligés de fournir une *satisdatio*. Quand pour une cause ou pour une autre, des biens adviennent aux enfants dans le cours de la tutelle, les administrateurs en prènnent possession en présence d'un *tabularius*, ou après avoir passé un acte devant le *magister census* dans la capitale, et devant les présidents ou les *defensores locorum* (1), en province. S'il est nécessaire d'aliéner les biens, les administrateurs les aliènent après estimation, et sont chargés d'en conserver le montant.

Tels sont les seuls renseignements que les textes nous fournissent sur ce point. Quelle que fût l'organisation des hospices, ils réalisaient une importante amélioration. Justinien en ajouta une autre. Dans la *novelle* 153 il décide que les enfants exposés seront désormais à la charge des évêques et de leur église qui pourvoieront à leur entretien conjointement avec le préfet. Pour bien saisir les raisons

1. Magistrats ayant pour mission de protéger les villes de province contre les excès des gouverneurs.

de cette innovation, il faut se souvenir que par un renversement complet de la règle des premiers temps qui réduisait tous les enfants exposés en esclavage, Justinien leur donnait à tous la liberté (*supra*). Le résultat de cette décision était d'éloigner des enfants ceux (et ils étaient nombreux) qui ne les recueillaient que dans un but de spéculation. Il fallait donc les remplacer afin d'empêcher qu'une certaine quantité d'enfants exposés ne périt sans secours. Voilà pourquoi Justinien compléta sa grande réforme en assurant à ces derniers la protection de l'Église et de l'État. Toutefois, pendant longtemps encore, la charité privée fut la principale ressource des enfants.

DROIT FRANÇAIS

DE LA CONDITION CIVILE

DES ENFANTS ABANDONNÉS ET DES ORPHELINS

Recueillis par la charité privée ou par la charité publique

Et du projet de loi sur la protection des enfants abandonnés délaissés ou maltraités

Les rédacteurs du Code civil comprenant combien il importe à l'ordre public que, dans une société organisée, les personnes impuissantes à se gouverner elles-mêmes ne soient pas laissées sans défense, ont réglé avec beaucoup de soin la condition des différentes catégories d'incapables. Spécialement en ce qui concerne les mineurs, la puissance paternelle, la tutelle et la tutelle officieuse leur assurent, sauf des critiques de détail, une protection parfaitement efficace. Mais les législateurs ne se sont guère, sur ce point comme sur tous les autres, préoccupés que des situations soit absolument, soit relativement régulières. A côté des mineurs soumis aux règles générales, il en est d'autres restés en dehors des prévisions du Code et à l'égard desquels des dispositions spéciales étaient nécessaires. Les évènements qui amènent la situation exceptionnelle de ces enfants sont *la mort* ou *l'absence légale* des père et mère, et *l'abandon*.

Nous nous proposons d'étudier la condition des enfants abandonnés et des orphelins recueillis par la charité privée ou par la charité publique. Nous examinerons ensuite le projet important discuté actuellement au Sénat et qui, dans le but d'assurer la protection des enfants délaissés moralement ou maltraités par leurs parents, frappe ces derniers en les privant de tout ou partie de leur puissance.

Aucun texte particulier n'a prévu et organisé la condition des enfants recueillis par la charité privée. Il y a quelques années un projet présenté par *Jules Favre* au Sénat comblait en partie cette regrettable lacune de nos lois ; malheureusement, après la mort de son auteur, le projet mal défendu et modifié maladroitement a été rejeté par la haute assemblée, de sorte que sur ce point tout est encore à créer. Nous nous occuperons dans notre *première partie* de cette catégorie d'enfants. Quant à ceux qui sont élevés par la charité publique leur condition est régie par des lois sinon irréprochables, du moins assez complètes, auxquelles dans une *seconde partie* nous consacrerons, en raison de leur importance, d'assez longs développements. Enfin, notre *troisième partie* aura pour objet l'étude du projet de M. Roussel sur la protection des enfants.

PREMIÈRE PARTIE

Des enfants abandonnés et des orphelins recueillis par la charité privée

Nous avons dit qu'en dehors des règles générales du Code, aucune loi n'assurait par des dispositions spéciales la protection et la défense des enfants élevés par la charité privée ; et cependant, ceux-ci recueillis les uns par des parents ou des bienfaiteurs agissant individuellement, les autres par des établissements de bienfaisance, œuvre de la charité collective, forment une phalange nombreuse digne à tous les points de vue d'attirer l'attention du législateur. Nous chercherons dans quelle mesure le Code civil s'applique à eux ; dans quelle mesure il est insuffisant et comment en l'absence de textes il est possible de pourvoir à leur situation. Nous verrons ensuite combien en fait leur condition est irrégulière et quels sont les moyens proposés pour y remédier.

CHAPITRE PREMIER

DE LA *condition légale* DES ENFANTS ABANDONNÉS ET DES ORPHELINS RECUEILLIS PAR LA CHARITÉ PRIVÉE

Lorsqu'un enfant a perdu son père et sa mère, le Code civil confie le soin d'administrer sa personne et ses biens à un tuteur, parent ou ami, qui agit sous la surveillance d'un subrogé-tuteur et dans un certain nombre de cas, moyennant l'autorisation d'un conseil de famille, subordonnée parfois elle-même à l'homologation du tribunal. Ce conseil de famille a en outre le devoir, quand il juge que les intérêts de l'enfant le réclament, de l'émanciper, de consentir à sa tutelle officieuse, à son engagement militaire et à son mariage.

Voyons maintenant comment est nommé le tuteur et comment est formé le conseil de famille. D'après l'article 402, lorsqu'il n'a pas été choisi au mineur un tuteur par le dernier mourant des père et mère, la tutelle appartient à un ascendant. S'il n'existe pas d'ascendants, le conseil composé de parents ou d'alliés (art. 407) et convoqué par le juge de paix qui le préside (art. 406), nomme le tuteur.

Tel est le droit commun. Régit-il les enfants dont nous nous occupons : les orphelins, les enfants trouvés, les mineurs dont les père et mère sont présumés absents ?

Orphelins. — Si l'enfant auquel la mort a ravi son père et sa mère est *légitime*, en supposant qu'un parent, une personne charitable, une association de bienfaisance, un orphelinat lui donne un refuge et se charge de le nourrir et de l'élever, les dispositions expresses du Code s'appliquent ici sans restriction. Mais, elles ne pourvoient pas d'une manière absolue à toutes les hypothèses qui peuvent se présenter, car si l'enfant n'a ni parents ni alliés, situation assez fréquente, la constitution d'un conseil de *famille* devient impossible et aucun article ne nous apprend quelle est la règle à suivre dans l'espèce.

Quand l'orphelin est un enfant *naturel* l'insuffisance du Code est encore plus évidente, car il n'a légalement ni ascendants, ni collatéraux, ni alliés. Faut-il en conclure que l'isolement dans lequel se trouvent les orphelins sans famille doit avoir fatalement pour résultat de les placer dans la situation extra-légale de mineurs sans tuteur, sans subrogé-tuteur, sans conseil de tutelle? Telle n'eût certainement pas été la pensée des rédacteurs du Code, si leur attention eût été attirée par ce cas particulier; aussi les commentateurs et la jurisprudence ont-ils cherché dans l'esprit de la loi le moyen de suppléer à cet oubli. L'article 409 prévoyant l'insuffisance dans le nombre des parents de l'une et de l'autre ligne nécessaires à la composition du conseil, ordonne au juge de paix d'appeler, afin de le compléter, des citoyens connus pour avoir eu des relations habituelles d'amitié avec le père ou la mère du mineur. Généralisant cette disposition, on admet unanimement que s'il n'existe ni parents, ni alliés, le conseil doit être composé uniquement d'amis (1). Contrairement à l'opinion de *Ducaurroy* qui accorde ici le droit de convoquer le conseil au tribunal civil, et de *M. Laurent* (2) pour lequel c'est le tuteur lui-même qui doit être choisi par le tribunal, nous pensons, avec la majorité des auteurs, qu'il n'y a aucune raison péremptoire pour déroger aux règles générales.

Enfants trouvés. — Un enfant a été trouvé sur la voie publique, dans une église, à la porte d'une maison. Touchée de compassion pour son sort, une personne bienveillante s'intéresse à lui, le recueille et pourvoit à tous ses besoins. Nous examinerons plus tard les questions soulevées par l'état civil de l'enfant trouvé. Disons seulement qu'en droit il n'est ni naturel, ni légitime, ni adultérin, ni incestueux. Le mystère qui entoure sa naissance restant impénétré, son état est un état négatif. En conséquence, la loi le considère et le traite comme s'il n'avait point de parents et tenait la vie du hasard. Il est évident, par suite, que les règles formulées dans le droit commun lui sont inapplicables. Mais, comme il est contraire à l'ordre public, si grande soit la garantie de moralité présentée par le bienfaiteur, si vive soit son affection envers l'enfant, que la loi laisse celui-ci en dehors de sa protection, nous croyons ne pas méconnaître la volonté du législateur en étendant même à cette hypothèse l'article 409 et en accordant au juge de paix le droit de faire appel au dévouement de citoyens honorables pour

1. Voir plus loin (p. 81) le projet *Jules Favre.*
2. Principes du droit civil français, t. 4, p. 529.

composer un conseil de tutelle. Le bienfaiteur est investi, s'il en est considéré comme digne, des fonctions de tuteur et la situation anormale de l'enfant devient ainsi régulière. S'il n'y a pas possibilité de constituer un conseil, ou si la personne qui a recueilli le mineur est peu recommandable et qu'aucune autre ne consente à s'en charger, il doit être nécessairement alors, placé sous la protection de la charité publique. Les commissions hospitalières ayant la tutelle des enfants assistés, toute difficulté se trouve écartée. Rien, du reste, ne s'oppose à ce que l'hospice confie l'enfant, sous réserve de tutelle, à son bienfaiteur, quand le juge de paix n'a pu rencontrer assez de citoyens dévoués pour composer le conseil.

Enfants dont les père et mère sont présumés absents. — Examinons maintenant la condition des enfants dont les père et mère disparaissent en les délaissant et sans qu'on sache ce qu'ils sont devenus. A l'égard des enfants trouvés ou orphelins, nous avons admis, conformément aux principes généraux, qu'il y avait lieu de leur constituer une tutelle. Dans notre hypothèse, si rien ne démontre l'existence des père et mère, aucune preuve n'établit leur décès. Par le fait de leur disparition ils se placent dans l'état prévu aux articles 112 et suivants du Code civil : ils sont présumés absents. Or, la question qui se pose n'est pas celle de savoir comment est réglée la tutelle des enfants dont les père et mère ont disparu, mais plutôt, si l'on doit ouvrir une tutelle, et plus généralement : quelles sont les mesures à prendre à l'égard des enfants dont les père et mère ou le dernier survivant d'eux a disparu. Nous nous trouvons en présence de deux espèces bien différentes : 1° les père et mère disparaissent simultanément ou successivement ; 2° l'un des deux est déjà décédé lors de la disparition de l'autre ou décède peu après. Le Code civil est muet sur la première hypothèse, mais prévoit la seconde. L'article 142 nous dit que six mois après la disparition du père, si la mère était déjà décédée lors de cette disparition, ou si elle vient à décéder avant que l'absence du père ait été déclarée, la surveillance des enfants est déférée par le conseil de famille aux ascendants les plus proches, et, à leur défaut, à un tuteur provisoire.

Quel est le caractère de cette *surveillance* dont parle l'article ? Nous pensons que même en ce qui touche les ascendants, il s'agit d'une véritable tutelle nécessitant la nomination d'un subrogé-tuteur et entraînant hypothèque légale sur les immeubles du tuteur. En effet, le présumé absent était tuteur quand il a disparu, cela résulte de l'article 390 ; ou il le devient par le décès de la mère ; or, comme il est dans l'impossibilité de gérer la tutelle, il faut nécessairement le remplacer (1). Le mot surveillance signifie donc ici tutelle provisoire.

Pourquoi attendre six mois avant de pourvoir à la tutelle des enfants ? *Bigot-Préameneu* répond que le père n'est pas sans prendre des précautions pour leur garde et leur entretien, et que l'on peut espérer son prochain re-

1. Aubry et Rau, t. 1, § 160 (note). Laurent, t. 2, n° 148. *Contra*, Demolombe, t. 2, n°s 321 et 322, Demante, t. 1, n° 182 *bis*.

tour (1). Cette supposition est loin d'être toujours exacte. Dans la réalité il arrive souvent que le père disparaît en abandonnant ses enfants, afin de se soustraire à un fardeau. D'après *Marcadé* (2), jusqu'à l'expiration des six mois, les enfants sont surveillés par les parents ou amis qui s'en sont chargés spontanément. Cette protection est insuffisante : si leur vie matérielle est assurée, leur éducation ne l'est peut-être pas. Il est possible qu'ils trouvent chez la personne qui les recueille des exemples de dépravation. Aussi, admettons-nous, même ici, l'application des articles 112 et 114 qui donnent au tribunal et au ministère public, sinon par leur texte, du moins par leur esprit, la mission de s'occuper des enfants du présumé absent. S'ils sont absolument délaissés, sans asile et sans moyen d'existence, on pourra, soit les envoyer à l'hospice, soit les remettre à un citoyen honnête ou à un établissement charitable, qui consentira à en prendre soin. S'ils ont déjà trouvé un refuge, on s'assurera que le bienfaiteur jouit d'une bonne réputation et n'est pas poussé à agir par un motif de spéculation. Au cas où il en serait différemment, les enfants devraient lui être enlevés et être remis à d'autres mains.

Doit-on appliquer à la disparition simultanée ou successive le principe posé par l'article 142, c'est-à-dire, organiser après six mois écoulés une tutelle provisoire ? La différence entre les deux cas est essentielle. Dans le premier, le père ou la mère étant décédé, l'enfant se trouvait sous

1. Locré, t. 2, p. 253, nº 11.
2. Tome 1, art. 402.

la tutelle du survivant qui a disparu. Il n'est donc pas contraire aux principes de transférer à une personne parente ou étrangère la tutelle que le présumé absent ne peut exercer. Dans le second cas, le père et la mère sont supposés vivants. Or, tant qu'ils existent l'un et l'autre, l'enfant reste soumis en droit, non pas au régime tutélaire, mais à la puissance paternelle. Cet argument nous semble péremptoire. Mais, comme on ne peut laisser l'enfant sans protection, le tribunal doit, ici comme dans l'hypothèse précédente avant l'expiration des six mois, ordonner, sur la réquisition du ministère public, les mesures qu'il juge convenables. Elles auront leur effet jusqu'à la déclaration d'absence. A cette époque on agit provisoirement comme on le ferait définitivement si la mort de l'absent était prouvée. En conséquence, on organisera la tutelle suivant les principes généraux (1).

L'article 142, de l'avis unanime des auteurs n'a eu en vue que les enfants légitimes. Que faut-il décider si le père ou la mère naturels d'un enfant mineur vient à disparaître en l'abandonnant ? *M. Demolombe* qui a prévu la question pense que l'on pourrait appliquer par analogie l'article 142 et confier l'enfant non pas, bien entendu, à un ascendant, puisqu'il n'en a pas ; mais à un tuteur provisoire (2). Ce moyen est parfaitement légal. L'enfant naturel reconnu à la fois par son père et sa mère ou seulement par l'un d'eux

1. Aubry et Rau, t. 1, § 160 (note 8). Dalloz, Répertoire : Absence, nos 569-571.

2. T. 2, Absence, no 331.

est toujours, sans distinction aucune, soumis au régime de la tutelle : il n'y a donc pas d'empêchement juridique à l'application de l'article 142.

Quand les autorités chargées de veiller à l'observation des règles sur la protection des mineurs ont provoqué l'ouverture de la tutelle, la condition des enfants dont nous nous occupons est désormais régularisée et on suit le droit commun pour l'accomplissement des actes et des contrats où ils ont à jouer un rôle principal, tels que l'émancipation, la tutelle officieuse, le mariage. Aussi, laisserons-nous de côté ces questions qui ne comportent aucun développement spécial à notre étude pour voir comment, en fait, les théories positives ou controversées que nous venons d'examiner sont appliquées aux mineurs trouvés, abandonnés ou orphelins.

CHAPITRE II

SITUATION EXTRA-LÉGALE DES ENFANTS RECUEILLIS PAR LA CHARITÉ PRIVÉE. — SES CAUSES. — SES INCONVÉNIENTS. — SES REMÈDES.

On peut, sans craindre d'exagérer, affirmer que l'immense majorité des enfants trouvés, abandonnés et orphelins recueillis par la charité privée, est, en fait, absolument en dehors de la loi. Qu'ils soient recueillis par des parents ou par des bienfaiteurs isolés ou réunis en association, ils n'ont pour la plupart ni tuteur, ni subrogé-tuteur, ni conseil de famille. Nous rechercherons les causes de cette situation anormale, puis nous indiquerons les inconvénients qui en découlent et les moyens auxquels on pourrait recourir pour y remédier.

§ 1. — *Causes.* — Quand un père et une mère disparaissent en délaissant leurs enfants, le ministère public étant spécialement chargé par l'article 114 de veiller aux intérêts des présumés absents, on admet, comme nous l'avons vu, que l'esprit, sinon la lettre de cet article, l'oblige à prendre à l'égard des enfants les mesures nécessitées par leur position. S'il s'agit d'enfants trouvés ou orphelins aucun texte ne lui impose le devoir de s'occuper d'eux ; aussi n'intervient-il jamais. Mais, dira-t-on, le ministère public, représentant la société, est chargé, en cette qualité, de défendre les intérêts des incapables. La loi, répondrons-nous, a pris soin de déterminer limitativement les cas où il peut agir d'office, et, par une lacune regrettable, elle ne lui accorde aucune initiative en ce qui concerne les mineurs qui n'ont jamais connu ou qui ont perdu leurs père et mère.

Passons au juge de paix. L'article 406 autorise ce magistrat, lorsque l'enfant a perdu ses père et mère, convoquer, même d'office, un conseil de famille; et il ajoute : « Toute personne pourra dénoncer au juge de paix le fait qui donnera lieu à la nomination d'un tuteur. » Il semble que cette disposition ait pour effet de rendre excessivement restreint le nombre des enfants sans tuteur; car, d'après l'interprétation générale, il ne s'agit pas, pour le juge de paix, d'une simple faculté : il est tenu, en vertu des devoirs de sa charge, de faire la convocation et l'on peut espérer, en outre, qu'il sera ordinairement prévenu. En réalité, pourtant, il n'en est rien. Aucun créancier ne se dérange pour demander qu'il soit pourvu à l'administration de biens qui n'existent pas. Le bienfaiteur, l'association, l'orphelinat qui a recueilli l'enfant sont disposés à considérer les formalités imposées par la loi comme une entrave, puisqu'un subrogé-tuteur et un conseil de famille en s'immisçant dans l'éducation pourraient désapprouver certains actes et provoquer des conflits; comme une chose inutile, puisque l'enfant n'ayant pas de biens aucune malversation n'est à redouter. Nous verrons plus loin combien ces raisonnements sont faux. Le juge de paix apprendra-t-il directement les faits qui donnent lieu à la tutelle? Cela est possible dans les petites localités où les moindres événements prennent toujours une certaine importance, mais non dans les grandes villes. D'autre part, les nombreuses occupations de ce magistrat ne lui permettent pas de se livrer à des recherches personnelles.

Ce n'est pas tout. Le juge de paix, fût-il au courant de la situation, se trouve en présence d'un obstacle matériel. La nomination d'un tuteur donne lieu à des droits au profit du Trésor et à des frais de greffe. Qui les supportera? Ce ne peut être l'enfant, puisqu'en règle générale il n'a rien. Sera-ce le parent ou le bienfaiteur qui l'a recueilli? Souvent cette personne est pauvre elle-même, et si ses moyens lui permettent de suffire au paiement de ces droits, elle se refusera avec d'autant plus d'énergie à les supporter qu'elle est hostile à l'idée de tutelle, que la loi ne les met pas à sa charge et que, perçus dans ces circonstances, ils lui paraissent moins équitables. Que dirons-nous des orphelinats presque tous pauvres et qui ne parviennent à élever leurs nombreux enfants que grâce à des prodiges d'économie? Une misérable question d'impôts contribue ainsi puissamment à soustraire au droit commun une quantité d'enfants particulièrement dignes d'intérêt.

Enfin, la difficulté de constituer un conseil de tutelle en l'absence de parents et la controverse soulevée sur la question de savoir qui doit, en pareil cas, nommer le conseil ou le tuteur contribuent également à engendrer cette situation illégale en paralysant l'action du juge de paix.

§ 2. — *Inconvénients.* — Mais, dit-on, il n'y a qu'un intérêt purement théorique à réclamer pour ces enfants l'application des règles du droit commun. Au point de vue pratique, comme ils ne possèdent ordinairement pas de fortune, il n'y a aucun inconvénient sérieux à les laisser sans tuteur. Cet argument, nous l'avons déjà déclaré, n'a pas de valeur. La tutelle n'a pas été créée seulement pour la protection des biens des mineurs. Elle est basée sur ce principe nécessaire dans toute société organisée, que le législateur doit protéger les personnes incapables de se gouverner et de se protéger elles-mêmes (1). Or, on ne soutiendra jamais que le cœur et l'intelligence de l'enfant méritent moins de protection que ses biens. Disons mieux : le but principal de la tutelle est l'éducation de l'enfant. Cultiver, développer et fortifier ses facultés physiques, intellectuelles et morales, par ce moyen former l'homme et le préparer à servir sa patrie dans la fonction sociale qu'il sera appelé à remplir un jour, tel est le devoir qui incombe au tuteur quand les père et mère ont lâchement répudié cette noble tâche ou sont morts avant l'époque où le Code la considère comme terminée.

La personne qui a recueilli le mineur est-elle à la hauteur de sa mission ? Possède-t-elle l'honorabilité, la capacité, l'énergie, en un mot cet ensemble de qualités indis-

1. Demolombe, t. 1, p. 2.

pensables chez un éducateur? Nous aimons à croire qu'il en est ainsi le plus souvent. L'enfant abandonné ou orphelin, recueilli par deux époux dont l'union a été inféconde, trouve ordinairement en eux le dévouement et l'affection éclairée qu'ils auraient eu pour leurs propres enfants. Les établissements charitables offrent aussi, pour la plupart, toutes les garanties désirables, Mais, le hasard a pu placer l'enfant entre les mains d'un homme corrompu ou d'un pseudo-bienfaiteur dont le but unique est d'en tirer profit en l'exploitant.

Le législateur, dans l'article 444, déclare destituables de la tutelle les gens d'une inconduite notoire et ceux dont la gestion atteste l'incapacité ou l'infidélité. L'inconduite c'est le désordre des mœurs, le déréglement des habitudes; la gestion comprend aussi bien les intérêts moraux que les intérêts matériels et l'infidélité se manifeste, dit M. Demolombe « non seulement quant aux biens si le tuteur commet quelque malversation, mais encore quant à la personne, s'il n'observe pas lui-même envers le mineur les règles des convenances et de l'honneur » (1). Le parent ou bienfaiteur qui a recueilli l'enfant n'a aucun mandat légal; personne n'a reçu de la loi mission de le surveiller; il est donc malgré son indignité à l'abri d'une destitution. Assurément s'il se livre contre le mineur à des faits punissables l'autorité publique a le droit d'intervenir; mais, s'il ne commet aucune infraction caractérisée à la loi pénale, l'enfant demeure complètement à sa merci.

1. Demolombe, Minorité, t. 1, nº 490.

L'inconvénient que nous venons de signaler n'est pas le seul. La plupart de ces enfants sont destinés à l'industrie, au commerce ou à l'agriculture. Entre douze et quinze ans il devient nécessaire de remettre le soin de leur éducation professionnelle à un maître qui leur enseignera l'art ou le métier auquel ils devront plus tard leurs moyens d'existence. En ce cas leur intérêt bien entendu demande qu'un contrat règle la condition de l'apprentissage. Le contrat est signé, du côté du mineur par ses représentants, père, mère, ou tuteur. Toutefois, la présence d'un tuteur n'est pas absolument indispensable. La loi du 22 février 1851 (art. 3), prévoyant le cas où l'enfant n'a personne pour le représenter, accorde au juge de paix le pouvoir de désigner lui-même le représentant. En réalité, pourtant, on préfère presque toujours à une démarche pénible auprès de ce magistrat un placement sans contrat, c'est-à-dire souvent désavantageux. L'absence de tutelle peut donc ici encore compromettre l'avenir de l'enfant.

Elle le compromet également en empêchant son émancipation et son mariage.

Le mineur resté sans père ni mère, nous dit l'article 478, peut être émancipé à l'âge de 18 ans si son conseil de famille l'en juge capable. Or, le mineur abandonné ou orphelin pauvre n'ayant pas de conseil de famille reste légalement incapable jusqu'à sa majorité. On objecte de nouveau que n'ayant pas de biens, l'émancipation n'aurait aucune raison d'être et que la capacité relative qu'elle viendrait lui conférer serait inutile. L'émancipation suppose que le mineur a des biens à administrer, ou qu'à des aptitudes précoces pour le commerce ou l'industrie vient s'ajouter la disposition de capitaux sans lesquels aucune exploitation n'est possible. Cette objection est beaucoup moins pressante qu'elle ne le paraît. Il arrive fréquemment qu'une personne pauvre, mais possédant le goût et l'intelligence des affaires commerciales inspire assez de confiance pour trouver un bailleur de fonds. En outre, lorsqu'il s'agit de constituer une société, on considère la moralité, des aptitudes et des connaissances spéciales comme équivalent à l'apport d'une somme d'argent. C'est pour cela que le Code civil quand l'acte de société n'indique pas la part de chacun des associés, prévoit, à côté de l'apport en argent, l'apport en industrie. L'émancipation est tellement indépendante de la possession de capitaux, que la loi de pluviôse an XIII sur la tutelle des enfants admis dans les hospices, la mentionne parmi les causes qui mettent fin à la tutelle (1).

A l'âge de 18 ans et dans ces conditions, les frais de nomination d'un tuteur et ceux d'émancipation ne sont pas sans doute un obstacle bien sérieux : le mineur est à même de gagner par son travail la somme nécessaire, ou peut facilement trouver à l'emprunter. Mais les difficultés juridiques auxquelles donne naissance la situation de certains enfants conservent toute leur force. Comment émanciper le mineur pendant les cinq années qui s'écoulent entre la

1. Voir le discours du rapporteur (Locré, tome 7).

disparition et la déclaration d'absence de ses père et mère? Comment l'émanciper si préalablement on ne l'a pas placé en tutelle, soit qu'on ne lui ait pas connu de parents, soit qu'il n'existe pas d'amis de ses père et mère défunts?

Nous en dirons autant du mariage. L'obstacle est même plus fâcheux, puisque cette institution est une des bases sur lesquelles repose la société. Si l'on observe qu'il est facile d'attendre pour se marier l'achèvement des quelques années qui séparent de la majorité, nous répondrons qu'il y a souvent une grande utilité à pouvoir contracter mariage avant vingt et un ans. Il s'agit, par exemple, d'une jeune fille pour laquelle se présente un établissement avantageux dont elle retrouvera difficilement l'occasion plus tard. On peut supposer aussi un jeune homme qui veut épouser une femme dont la mort est prochaine afin de légitimer un enfant né de leur commerce.

§ 3. — *Remèdes.* — Arrivons aux moyens susceptibles de remédier à ce fâcheux état de choses dans chacune des situations que nous avons prévues.

1° La nécessité de constituer une tutelle se présente à la suite du décès des père et mère. Nous avons vu que les causes de l'inobservation de la loi en pareil cas résident dans l'absence d'initiative du juge de paix et du ministère public, dans l'impossibilité fréquente de former un conseil de tutelle quand il n'existe pas de parents, enfin dans les frais auxquels donne lieu l'ouverture de toute tutelle. Il faudrait donc fournir au juge de paix le moyen d'être toujours averti du décès des personnes laissant des enfants mineurs ; lui faire une obligation de convoquer le conseil de famille et, en cas d'absence complète de parents et d'alliés, des hommes de bien ; donner sur ce point un rôle de surveillance au ministère public ; enfin, exempter les orphelins pauvres des frais et droits de toute nature. Ces remèdes qu'indiquait en 1867 un magistrat, *M. Regnault*, dans un article remarquable publié par la *Revue de législation* (1), forment l'économie générale du projet de loi sur *la constitution et l'administration des tutelles* que *Jules Favre* présenta en 1878 au Sénat.

Examinons-le.

L'article 1 plaçait la constitution et l'administration des tutelles sous la surveillance du ministère public, « parce qu'il est rationnel et juste, disait l'honorable rapporteur, que les mineurs soient protégés et défendus par celui qui représente la société et a pour mandat spécial d'épouser la cause des faibles, des incapables, des déshérités. » Pour que le juge de paix pût connaître le décès des personnes laissant des enfants mineurs, l'article 2 imposait au maire de chaque commune le devoir sanctionné par une amende de dix francs, de l'en aviser dans le délai de quinzaine (art. 3). C'était, avec une sanction différente, la remise en vigueur de la prescription d'un décret du 22 prairial an V tombé depuis longtemps en désuétude (2). Ainsi averti,

1. Tome 31.

2. Cet arrêté est pourtant encore en vigueur dans plusieurs départements, et notamment dans certaines localités de la *Bretagne*. — L'agent municipal, dit l'art. 1, est tenu d'avertir le juge de paix *sans aucun délai*.

le juge de paix devait convoquer, dans le mois suivant, les plus proches parents alliés ou amis et faire constituer la tutelle ; de cette manière, on convertissait en une obligation ce qui semble n'être pour lui, en vertu de l'article 406, qu'une simple faculté. Les dispositions de ces trois articles concernaient tous les enfants. A l'égard des enfants indigents, l'article 4 prévoyant d'abord le cas où il n'existerait ni parents, ni alliés, ni citoyens connus pour avoir eu des relations habituelles d'amitié avec leur père ou leur mère, prescrivait au juge de paix d'appeler, pour composer le conseil, les membres du bureau de bienfaisance ou ceux de la commission des hospices et subsidiairement les membres du conseil municipal. La question de l'exemption des frais était résolue dans l'article 5. Le juge de paix accordait l'assistance judiciaire pour la constitution et les actes d'administration de la tutelle, sur la demande du tuteur et le certificat d'indigence délivré par le maire. L'inventaire devait être fait par ce dernier sans apposition de scellés. Enfin, s'il y avait lieu de vendre le mobilier, le maire y procédait également, soit à l'amiable, soit aux enchères, suivant la délibération du conseil de famille. Les fonds devaient en être versés à la caisse d'épargne au nom du mineur.

Ce projet provoqua de vifs débats. Le premier reproche qui lui fut adressé était de jeter le trouble dans l'œuvre de codification de nos lois. Il fallait, a-t-on dit, modifier simplement les articles relatifs à ces matières. A cela on répondit, avec raison, que ce procédé oblige le législateur à défigurer, en les surchargeant, les textes connus et détruit souvent, sous prétexte de la sauvegarder, l'harmonie d'une rédaction savamment combinée. On trouva exorbitante la faculté reconnue au ministère public d'intervenir dans l'administration des tutelles. La critique n'était pas fondée, car il ne devait pas s'ingérer dans chaque détail pour demander des comptes et régler l'éducation, mais avoir simplement le droit, quand des abus se seraient révélés, de convoquer le conseil de famille. On critiqua l'amende de 10 francs comme inefficace et injuste, le délai de quinzaine accordé au maire pour aviser le juge de paix comme trop long, celui d'un mois accordé à ce dernier pour la convocation de la famille ou des amis comme trop court. Bref, le projet fut, de l'assentiment même de son auteur, renvoyé à la commission (*séance du 11 juin 1879*).

Il revint peu de temps après amendé de la manière suivante. Il remaniait les articles 79, 406 et 421 du Code civil et ajoutait un titre additionnel à la loi de 1851 sur l'assistance judiciaire. L'acte de décès (art. 79) devait désormais mentionner l'existence des enfants laissés par le défunt, sur la demande de l'officier de l'état civil tenu de s'en assurer. Le dernier alinéa de l'article 79 reproduisait sans modifications l'article 2 du projet primitif. L'article 406 imposait au juge de paix l'obligation de convoquer le conseil dans le mois de l'avis donné en vertu du nouvel article 79. Quant à l'article 421, aux mots « soit d'office par le juge de paix », on substituait « soit par le juge de paix, comme il est dit à l'article 406 ». Il n'était plus question de la surveillance du ministère public. Spécialement, à l'égard des enfants indigents, on permettait, sur la demande qu'en avait formulée *M. Delsol*, de prendre le tuteur en cas d'absence de famille, parmi les membres des sociétés de bienfaisance reconnues d'utilité publique ; ce n'était plus le maire qui dressait l'inventaire et vendait le mobilier ; le premier devoir incombait un juge de paix procédant par simple procès-verbal, le second à son greffier. Un article nouveau accordait au bureau de bienfaisance les biens des enfants indigents décédés sans héritiers (*séance du 28 juin 1879. — Officiel du 7 juillet suivant*).

Ces modifications ne parurent pas encore satisfaisantes. Les critiques dont on n'avait pas tenu compte recommencèrent, on en ajouta d'autres sur la nouvelle rédaction des articles du Code civil. Plusieurs amendements furent proposés. La maladie et la mort de *Jules Favre* arrêtèrent longtemps la discussion. Quand elle fut reprise, le projet était profondément changé. On avait diminué, amoindri l'œuvre du grand avocat. C'est ainsi que par une atténuation mal inspirée et qui détruisait en partie l'efficacité de la loi, l'article 406 n'obligeait plus le juge de paix à convoquer le conseil de famille, ce n'était pour lui qu'une simple faculté. D'autre part, une disposition essentielle disparaissait : celle qui appelait les représentants de la charité publique ou privée à composer le conseil de tutelle des mineurs indigents sans parents, ni amis.

Par contre, il y avait deux innovations heureuses, mais d'un ordre secondaire : l'amende infligée au maire était supprimée devant cette considération que l'obligation morale imposée à ce magistrat, susceptible du reste de révocation, était suffisante, et on remettait simplement en vigueur l'article 1 de l'arrêté de prairial. En ce qui touche la gratuité des actes relatifs à la tutelle des orphelins pauvres, dans les rédactions précédentes on avait procédé par un supplément à la loi de 1851 sur l'assistance judiciaire. Le système était défectueux en ce qu'il nuisait à l'harmonie d'une loi créée en vue d'un procès à apprécier, concilier ou intenter et non pas en vue de mesures ayant un caractère purement gracieux. Désormais, la loi de 1851 est laissée de côté. L'indigence étant constatée conformément à la loi du 10 décembre 1850, les actes de constitution de la tutelle, les actes de gestion des biens ayant un caractère conservatoire, enfin tous ceux qui se rattachent à l'administration de la personne sont dispensés du timbre et enregistrés gratis (1).

Ainsi remaniés, les différents articles furent votés, à l'exception de l'article 2 qui reproduisait l'arrêté de prairial (*Séance du 10 février* 1881). C'était là un grave échec, car cet article supprimé, en dehors de celui qui avait pour objet d'assurer la gratuité aux indigents, les autres n'avaient qu'une importance très relative. Ainsi, M. *Batbie* ayant fait observer (*Séance du 14 février*) que la rédaction de l'article 406 était embarrassée et altérée sans aucun avantage, la loi fut repoussée dans le vote sur l'ensemble.

Depuis, aucun essai nouveau de législation n'a été tenté

1. C'était le système proposé par M. Regnault (*supra*); il conseillait également de faire revivre l'arrêté du 22 prairial an V.

sur ce point : la situation reste donc la même. Plus de 200.000 orphelins sont, en France, privés de la protection du droit commun (1).

2° La tutelle qu'il s'agit de constituer concerne un enfant trouvé. Comme nous l'avons vu, le projet Jules Favre ne prévoyait pas cette hypothèse. Nous avons dit que l'article 409 ne s'oppose pas à ce que le juge de paix prenne, dans l'espèce, l'initiative de former un conseil composé de gens de bien ; mais comme rien ne l'y oblige, une disposition impérative serait indispensable. Il serait, du reste, facile de lui faire connaître la situation. L'article 58 du Code civil prescrit à la personne qui a trouvé un nouveau-né de le remettre à l'officier de l'état civil ; d'autre part, l'article 347 du Code pénal lui prescrit également de déclarer devant la municipalité du lieu où l'enfant a été trouvé si elle consent à s'en charger. On pourrait imposer au maire ainsi au courant des faits, l'obligation de prévenir le juge de paix qui organiserait la tutelle dans les conditions indiquées précédemment.

3° Les père et mère sont en état d'absence légale. Le mal résulte ici encore de ce qu'aucune autorité n'a mission formelle de veiller sur les enfants. Il faudrait compléter l'article 114 en chargeant expressément le ministère pu-

1. Nous ne donnerons que sous bénéfice d'inventaire, dit Jules Favre dans son rapport, le chiffre qui constate que dans 12 ressorts le nombre des tutelles irrégulières s'élève à 90.026, soit en moyenne 8184 par ressort et en total 212.784 pour la France. Tout ce qu'on peut dire de ce calcul approximatif et inexact, c'est qu'il donne, sans aucun doute, un résultat bien intérieur au chiffre réel (*Officiel*, du 9 avril 1879).

blic de leur protection. En cas de disparition simultanée ou successive d'un père et d'une mère laissant un enfant légitime, l'ouverture d'une tutelle soumise au droit commun est impossible pendant toute la période de présomption d'absence. On pourrait recourir à la tutelle accordée aux représentants des hospices sur les mineurs abandonnés qu'ils recueillent. L'enfant resterait, cependant, entre les mains de son bienfaiteur qui accomplirait ainsi son œuvre de charité. De cette manière, tous les intérêts seraient sauvegardés. Ce système très simple serait en même temps le plus pratique.

DEUXIÈME PARTIE

Des enfants recueillis par la charité publique ou enfants assistés (1).

PRÉLIMINAIRES

Avant d'étudier la législation qui impose à la charité publique l'obligation de nourrir et d'élever les enfants abandonnés, il se pose comme préambule une question de principe qu'il est essentiel de résoudre. L'assistance assurée par des lois à l'enfance abandonnée est-elle légitime, conforme aux saines doctrines de l'économie politique ? En termes généraux : doit-on comprendre au nombre des devoirs de la société celui de secourir ceux de ses membres qui sont incapables de pourvoir à leur subsistance ? Si on répond affirmativement, convient-il que ce devoir soit inséré dans des textes législatifs ? Enfin, un droit y correspond-il de la part de l'assisté ?

Cette question complexe divise profondément les économistes. Examinons d'abord son dernier terme. Y a-t-il un

1. Nous avons rencontré auprès de *M. Brueyre*, chef de la division des enfants assistés du département de la Seine, l'accueil le plus bienveillant ; il nous a donné les conseils les plus utiles : nous lui en témoignons ici toute notre gratitude.

droit à l'assistance? « C'est là une thèse, comme l'observe *M. Baudrillart* qui s'est étalée dans les livres, les journaux, à la tribune nationale, à une époque où tout était remis en question depuis les bases jusqu'au faîte (1). » De nos jours ce prétendu droit est encore fréquemment invoqué par les socialistes. Il n'est donc pas sans intérêt de rechercher quelle en est la valeur.

Si l'on soutient que les citoyens indigents ont droit à l'assistance gratuite de la part de l'État, qui ne voit qu'il lui faudra prendre sur le travail des uns pour nourrir les autres. C'est donc, suivant la remarque de M. *Cauwès* (2), le droit de vivre au moyen du travail d'autrui. Ce n'est pas tout. S'il y a réellement là un droit et qu'il soit dénié, l'indigent est opprimé ; d'où pour lui le devoir de recourir à la force pour l'exercer. Une révolution provoquée par ce fait que le Gouvernement ne puise pas dans la bourse de ceux qui possèdent pour donner à ceux qui n'ont rien, serait donc considérée comme légitime !

Soutient-on l'idée que l'État doit assister en fournissant du travail? C'est le système de *Louis Blanc* (3). L'examen de ce point sortant des limites de notre étude, contentons-nous de dire qu'en France les résultats produits par sa mise en pratique l'ont suffisamment jugé (4).

1. Dictionnaire de la politique, article *Assistance publique.*

2. Cours d'économie politique, tome 2, p. 324.

3. Voir surtout son ouvrage. *De l'organisation du travail.*

4. En Angleterre le droit à l'assistance n'a pas donné de brillants résultats. Les Workhouses (maisons de travail) fournissent un labeur ingrat et non rémunéré. Le régime en a été longtemps on ne peut plus dur. Devant

Ce qui ne saurait être un droit pour l'assisté n'est-il pas, du moins une obligation pour l'État? A cela une école répond en se basant sur le principe de l'impôt. Si cette contribution est légitime, dit-on, c'est qu'elle est la récompense des avantages matériels et moraux assurés par l'État à tous les citoyens. En détournant l'impôt du but auquel il est destiné, on commet une véritable spoliation. On peut répliquer à cela sans quitter ce point de vue étroit, égoiste, que précisément la part d'impôt destinée à venir en aide à l'indigence assure un avantage matériel à ceux sur qui elle est prélevée, puisque, faisant œuvre de préservation, elle met leur personne et leur fortune à l'abri des dangereuses suggestions de la misère. Mais, considérons la question d'un peu plus haut. Il est un principe avec lequel il faut compter, celui de la solidarité. La société est un vivant organisme, une personne morale, elle a donc en cette qualité les mêmes devoirs que l'individu. *Thiers* a exprimé clairement cette idée dans son « Rapport à l'assemblée législative sur l'assistance publique. » « Il ne faut pas voir dans l'État un être froid, insensible, sans cœur. La collection des membres composant la nation, de même qu'elle peut être intelligente, courageuse, polie, pourra être humaine, bienfaisante, aussi bien que les individus eux-mêmes. »

On soulève pourtant encore, contre ce devoir d'assistance

l'indignation générale il a été adouci; mais alors les abus n'ont pas tardé à se produire. M. Cauwès (*loc. cit.*) en tire cette conclusion que l'assistance légale cotoie deux écueils : elle est inhumaine ou impuissante et même corruptrice.

reconnu à l'Etat des critiques de différente nature. Par la certitude qu'il fait naître sur les moyens d'existence il supprime, dit-on, la crainte salutaire du lendemain ; il tue l'esprit de prévoyance. Il est facile de répondre que l'imprévoyance n'engendre pas toutes les misères (1). L'enfant abandonné par une mère dénaturée est-il responsable du dénûment qui l'accable au seuil de l'existence? On dit encore que dans l'assistance publique la bienveillance et la reconnaissance sont impossibles. Il y a assurément du vrai dans cette observation, elle serait très forte si la charité privée était suffisante ; mais on sait qu'elle est irrégulière, souvent aveugle, qu'elle tient trop fréquemment compte dans sa distribution de considérations étrangères à l'indigence. La charité publique en répartissant les secours est continue, ordinairement clairvoyante, équitable, impartiale.

Le devoir de l'Etat de fournir l'assistance doit-il être sanctionné par une loi? En France, la loi de vendémiaire an II jeta les bases d'un système complet de charité légale abandonné en l'an V. La même théorie fut reprise en 1848 ; mais l'article 13 du texte définitif de la Constitution en limitait l'application aux enfants abandonnés, aux infirmes, aux vieillards sans ressources et que leurs familles ne peuvent secourir.

M. Cauwès n'est pas d'avis d'ériger ce devoir en obligation légale. Prenant à partie le raisonnement de Thiers que nous avons reproduit plus haut, il répond : « Con-

1. Voir Batbie. *Cours d'économie politique*, t. 2, 40e leçon.

vient-il que la loi donne une sanction à toutes les suggestions de l'esprit national ? Non, sans contredit, par la même raison que la loi n'a pas à sanctionner tous les devoirs de la conscience individuelle. La thèse contraire tend à confondre absolument le droit avec la morale. Il y a des obligations qui s'imposent à la conscience de l'État et qu'il peut accomplir dans une mesure déterminée sans qu'elles soient érigées en obligations légales strictes. On insiste en disant que certaines infortunes sont imméritées, que des êtres infirmes ou faibles ne peuvent être laissés sans secours. Personne n'y contredit. La seule question est de savoir s'il y aura une assistance légale mise au nombre des charges obligatoires de la communauté (1). » Le savant professeur conclut ensuite négativement en faisant ressortir les mauvais résultats produits par l'assistance légale chez les différentes nations qui l'ont consacrée.

Tout en reconnaissant la valeur de son raisonnement nous le croyons trop absolu. Sans doute, l'assistance est du domaine de la morale plutôt que du droit; et il faut d'autant plus éviter d'inscrire dans la loi l'obligation générale pour l'Etat de secourir la misère dans toutes ses causes, que cela pourrait entraîner de graves abus. Mais, il est néanmoins des hypothèses où l'intérêt social, considération essentielle en pareille matière, réclame, autant que l'humanité elle-même, l'inscription du devoir d'assistance dans une

1. Loc. cit.

loi positive. Tel est le cas des enfants abandonnés et des orphelins pauvres. L'assistance à ces infortunés intéresse l'Etat à un haut degré, puisque s'ils sont privés de secours ils périssent et leur patrie perd en eux des êtres qui seraient peut-être devenus d'éminents citoyens, en tous cas auraient contribué à sa défense et à sa prospérité ; ou bien s'ils sont déjà grandis et suffisamment robustes, n'ayant pour vivre d'autres ressources que la mendicité et le vol, ils deviennent des éléments de corruption et de désordre.

Remarquons maintenant que l'abandon des enfants n'est pas l'effet de circonstances accidentelles, temporaires. Nous sommes en présence d'une situation permanente exigeant non-seulement des secours continus, mais des secours appliqués sans délai, les besoins des enfants délaissés ne souffrant aucun retard. Il faut donc pour les sauver de la mort ou du vice une organisation durable et forte. Or, il n'est pas possible de concilier les exigences de cet état de choses avec une assistance qui n'aurait pas un caractère d'obligation légale, c'est-à-dire qui serait purement facultative. En effet, la faculté suppose qu'on peut, si on le juge utile, restreindre ou supprimer le secours, soit pour faire des économies, soit pour favoriser certaines institutions. La permanence de l'assistance ne serait donc plus assurée. Avec la faculté, l'unité d'action entre les divers éléments appelés à secourir les enfants disparaîtrait. Ce serait la faiblesse, l'insuffisance, au plus grand détriment de la communauté.

Voilà pourquoi les lois qui ouvrent la porte des hospices

aux enfants abandonnés et aux orphelins pauvres, qui rendent obligatoires pour l'État, le Département et la Commune, les dépenses nécessitées par leur éducation, sont parfaitement justifiées au point de vue économique.

Entrons maintenant dans le fond même de notre sujet.

CHAPITRE I

DES DIFFÉRENTES CLASSES D'ENFANTS ASSISTÉS

Les enfants recueillis par les hospices portent le nom générique d'enfants assistés. Ils se divisent en trois catégories : les *enfants trouvés*, les *enfants abandonnés* et les *orphelins pauvres*. C'est le *décret du* 19 *janvier* 1811 qui a établi ces distinctions. Il s'exprime ainsi dans les articles 2, 5 et 6 :

« Les *enfants trouvés* sont ceux qui nés de père et mère inconnus ont été trouvés exposés dans un lieu quelconque ou portés dans les hospices destinés à les recevoir. » « Les *enfants abandonnés* sont ceux qui, nés de père et mère connus, et d'abord élevés par eux ou par d'autres personnes à leur décharge en sont délaissés sans qu'on sache ce que les père et mère sont devenus, ou sans qu'on puisse recourir à eux. » « Les *orphelins* sont ceux qui, n'ayant ni père ni mère, n'ont aucun moyen d'existence. » Il faut ajouter à cette énumération, par suite du système d'admission actuellement employé, les enfants abandonnés reçus à bureau ouvert dans les hospices (1).

Ces établissements sont astreints à de rigoureuses obliga-

1. L'instruction ministérielle du 8 février 1823 prescrit dans un but financier, de ne recevoir les enfants que jusqu'à l'âge de 12 ans!

tions envers les enfants il fallait donc ne laisser place à aucune équivoque et déterminer clairement les cas où ces derniers ont droit à une assistance qui est tout à la fois physique et morale. Malgré la précision apparente du décret de **1811**, des doutes s'élèvent dans certaines hypothèses, particulièrement à l'égard des enfants *abandonnés*. Supposons qu'un enfant délaissé par ses père et mère qui ont brusquement disparu ait des ascendants au lieu de son domicile. Loin de le recueillir ils refusent de lui venir en aide et invoquent le décret de **1811** pour le faire admettre à l'hospice. La commission administrative ne pourra-t-elle pas refuser de le prendre à sa charge? Pour répondre à cette question, il est utile de distinguer. Les ascendants ont-ils à peine ce qui est nécessaire à leur propre subsistance, sont-ils, par exemple, inscrits au nombre des indigents du bureau de bienfaisance; il est certain que vouloir leur imposer l'enfant, ce serait compromettre sa santé, son éducation et peut-être même sa vie. Aussi auront-ils le droit d'invoquer les termes de l'article 5 qui ne subordonne nullement l'admission à l'hospice au défaut absolu de tout parent. En second lieu, comme le fait remarquer avec juste raison un décret du conseil d'État : « si l'administration restreignait le secours au cas où elle ignorerait l'existence non-seulement du père et de la mère, mais encore de tout parent soumis à l'obligation légale des aliments, il n'y aurait en fait aucun enfant abandonné (1). »

1. 13 août 1861 (Watteville, *Législation charitable*).

Les ascendants ont-ils des ressources suffisantes pour pouvoir nourrir et élever l'enfant, comme le décret de 1811 laisse intactes les dispositions du Code civil sur l'obligation alimentaire, l'hospice devra d'abord les engager à le recueillir. S'ils refusent, il faudra bien le recevoir et le comprendre parmi les abandonnés. Mais, il sera du devoir de la commission administrative, gardienne des intérêts de l'enfant, de les actionner afin de faire déterminer par le tribunal le montant de la pension qu'ils seront obligés de payer (C. civ. art. 205, 207 et suivants) (1).

Supposons maintenant l'espèce suivante : poussés par une profonde misère un père ou une mère conduisent à l'hospice l'enfant qu'ils se sentent impuissants à nourrir, l'hospice doit-il ouvrir ses portes en pareil cas, aussi bien à l'enfant légitime qu'à l'enfant naturel? D'après la doctrine du ministère de l'intérieur, le décret de 1811 ne s'applique pas à cette catégorie d'enfants (2). Nous ne sommes pas de cet avis. Nulle part le décret ne distingue entre l'enfant légitime et l'enfant naturel. En outre, le rapporteur de la loi de pluviôse an XIII sur la tutelle des enfants recueillis par les hospices, suppose formellement l'admission de l'enfant légitime apporté ou conduit par son père qui déclare ne pouvoir le nourrir (3).

Si ce n'est pas la pauvreté, mais l'oubli des devoirs, la dégradation morale, qui déterminent des parents connus et

1. Dans la pratique cela n'a jamais lieu.
2. Circulaire min. du 8 février 1823 (Watteville, *législ. charitable*).
3. Locré (t. 7). Dalloz, *Secours publics*, n° 205.

présents à abandonner leurs enfants légitimes, notre solution ne sera pas la même. Les père et mère doivent nourrir, entretenir et élever leurs enfants (art. 203). Il ne leur est pas permis de se soustraire à cette obligation quand ils ont les moyens de la remplir. Souvent, sans doute, l'enfant sera victime de la contrainte sous l'empire de laquelle ses parents se résigneront à le garder ; mais, quoique sévère, cette solution, en l'absence de toute loi sur la déchéance de l'autorité paternelle, est absolument légale (1).

Les orphelins figurent un nombre restreint parmi les enfants assistés. Le plus souvent ils sont recueillis, soit par des parents ou amis, soit par des institutions privées (2).

Nous ferons remarquer que pour être complètes les catégories devraient comprendre les enfants dont les père et mère sont détenus ou condamnés pour faits criminels ou de police correctionnelle. Leur admission dans les hospices est en effet d'ordre public tout autant que l'admission des enfants trouvés, abandonnés ou orphelins.

La condition civile est régie par la *loi du* 25 *pluviôse an XIII et par le décret de* 1811. Nous nous occuperons d'abord de ce qui concerne l'admission à l'hospice et l'état civil des enfants.

1. En fait, on les reçoit toujours, l'humanité le commande.

2. Les orphelins légitimes sont admis aussi bien que les enfants naturels. Ce point autrefois controversé a été tranché par un avis du Conseil d'État du 20 juillet 1842 (Watteville, t. 1, p. 604).

CHAPITRE II

DE L'ADMISSION DES ENFANTS NOUVEAU-NÉS ET DES PARTICULARITÉS RELATIVES A L'ÉTAT CIVIL DES ENFANTS TROUVÉS.

L'admission des enfants dont les parents sont morts ou disparus ne présente aucun caractère particulier. Il n'en est pas de même de ceux dont on veut se débarrasser peu après leur naissance. Cette question qui se complique de hautes considérations sociales a soulevé et soulèvera encore de vives polémiques. Commençons par un exposé sommaire des systèmes qui ont été employés depuis un siècle, et nous aborderons ensuite la célèbre *question des tours*.

Sous la première République et l'Empire, les enfants étaient admis à bureau ouvert, sans aucune formalité, sans même la production de l'acte de naissance. Le décret de 1811, dans le but de diminuer les infanticides en facilitant l'admission créa le *tour* (1). Néanmoins, le système d'admission à bureau ouvert continua à fonctionner longtemps seul, et lorsque dans un certain nombre de départements on se décida à ouvrir des tours, on laissa toujours à la mère la faculté de choisir entre les deux modes d'aban-

1. Cylindre en bois, convexe d'un côté et concave de l'autre qui tourne sur lui-même. Le côté convexe fait face à la rue, l'autre donne dans l'intérieur d'un appartement.

don. Le tour fut supprimé définitivement en 1862, à la suite d'une *enquête* provoquée par le Conseil d'État et dans laquelle il était sévèrement jugé. Actuellement l'admission se fait soit par l'intermédiaire du commissaire de police, soit directement à l'hospice. La loi du 5 mai 1869 a cherché à la rendre moins fréquente par la création de secours accordés aux mères afin de prévenir ou de faire cesser l'abandon.

Les tours ont succombé devant l'opinion presque générale qu'ils étaient beaucoup plus nuisibles qu'utiles. Les rapporteurs de 1862 les déclaraient jugés administrativement et les accusaient d'enseigner le mépris des lois les plus naturelles et les plus saintes et de mener droit à la destruction de la famille en favorisant l'abandon des enfants légitimes (1). Mais depuis quelques années, il s'est opéré une sorte de revirement d'opinion. En constatant le nombre de plus en plus grand des avortements et des infanticides, et l'augmentation sensible de la mortalité chez les enfants en bas âge, on s'est demandé si cette suppression n'en serait pas la principale cause. L'enquête de 1859-1862 qui déjà avait remarqué l'aggravation du mal (2) tranchait négativement la question. D'importants débats se sont élevés sur cette matière. Dans les journaux, dans des brochures, on plaide encore avec passion pour ou contre le rétablissement des tours.

1. Rapport, page 38.

2. En 30 ans, de 1828 à 1858, le nombre des avortements avait plus que doublé, celui des infanticides presque triplé (V. le rapport, p. 98, 101 et 102).

Il n'est pas assurément de sujet plus délicat. Les arguments d'attaque et de défense s'appuient dans les deux camps opposés sur les plus graves considérations. Chaque système invoque les lois de la morale, l'intérêt social, l'humanité et prétend établir que le système inverse ne peut y satisfaire.

En faveur du tour (1), on prétend qu'il est moral parce qu'il est l'exutoire nécessaire des impuretés sociales, le seul remède capable de sauver l'enfant de la mort, la mère du crime, la société du scandale. Le système actuel de secours alloués aux filles-mères pour éviter l'abandon (l. du 5 mai 1869) est contraire à la morale, dit-on, parce qu'il assure une protection officielle et publique, dans les milieux souvent les plus équivoques aux filles de mœurs au moins douteuses.

Le tour est aussi, plus conforme à la charité qui, suivant la belle expression de Lamartine doit avoir des bras pour recevoir, non des yeux pour voir et des oreilles pour entendre, et qui ne sauve efficacement qu'à la condition de les ouvrir largement sans regarder et sans compter. Si on se place exclusivement au point de vue des intérêts de l'enfant, n'est-ce pas risquer d'augmenter les dangers qui l'entourent que de l'imposer à la mère moyennant un secours? L'affection contrainte est un péril et non une garantie. Que deviendra sa santé dans le milieu misérable où on le maintient? Que sera son éducation?

1. Voir principalement le magnifique discours de Lamartine devant la *Société de la morale chrétienne*, en 1838.

A ces arguments les adversaires du tour répliquent par des considérations également tirées de la morale, de la charité, de l'intérêt de l'enfant. Dans le tour, disent-ils, l'inconduite trouve, sinon une excitation, du moins un espoir ; le chemin de l'hospice une première fois parcouru ramène facilement à la faute. Le secours alloué à la fille-mère est à la fois très moral et très humain, puisqu'il cherche à rattacher l'enfant à son lien d'origine et lui assure les soins et l'affection d'une mère, puisqu'en conservant à celle-ci un être qu'elle doit chérir de plus en plus, il la ramène dans la voie de l'honneur et du travail, facilitant ainsi, dans une large mesure, son mariage et la légitimation de l'enfant. Enfin, est-on bien sûr que le tour diminue les avortements et les infanticides ? Placé le plus souvent loin du lieu de l'accouchement, la mère ne craindra-t-elle pas toujours, et avec raison, souvent, que son secret ne soit dévoilé pendant le temps nécessaire au transport à l'hospice (1) ?

Quoi qu'il en soit, l'opinion semble favorable au rétablissement des tours. En 1877 le docteur *Brochard* spécialiste connu, mort récemment, qui rédigeait le journal : *La*

1. En faveur de cette thèse voir le rapport au Conseil général de la Seine, présenté le 8 décembre 1876, par le Dr Thulié. Il appuie beaucoup sur cet argument financier que le tour serait pour les 4 ou 5 grandes villes de France où l'on peut facilement cacher une faute et surtout pour Paris, une ruine. — Voir aussi ce qu'ont écrit de 1830 à 1850 le préfet de police *Benjamin Delessert*, les inspecteurs généraux *Remacle* et *Valdruche*, *de Gérando*, *Émile de Girardin* qui a traité la question à fond et s'est prononcé contre les tours dans ses articles de *la Presse* et son ouvrage « *L'abolition de la misère par l'élévation des salaires.* »

jeune mère, adressait à cet effet au Sénat une pétition accompagnée d'un ouvrage où il prétendait que l'augmentation énorme des avortements et infanticides provenait des difficultés opposées à l'abandon pur et simple des enfants nés hors mariage et de la suppression des tours. Cette pétition examinée par une commission donna lieu à un rapport de M. Bérenger qui, en raison de la gravité des questions soulevées, conclut à son renvoi au ministre de l'Intérieur et au garde des sceaux (*séance du 23 février* 1877). L'année suivante M. Bérenger déposait en son nom et au nom de plusieur sénateurs appartenant à toutes les opinions politiques un projet de loi ayant pour objet le rétablissement des tours et la recherche de la paternité (16 *février* 1878). Pris en considération dans la séance du 31 mai suivant, il n'a pas encore été discuté. Voyons celles de ses dispositions qui concernent spécialement le tour.

L'article 1 rétablit dans chaque arrondissement un tour pour chaque hospice d'enfants trouvés et prescrit que ce tour sera ouvert le jour et la nuit ; mais il ajoute qu'à l'intérieur et aux abords une affiche officielle fera connaître aux déposants : « 1° Qu'un secours mensuel peut être accordé par l'hospice aux mères qui veulent se faire connaître et conserver leur enfant ; 2° Qu'un employé obligé par serment professionnel au secret, se tient dans une salle voisine à leur disposition. »

L'article 2 punit quiconque sera convaincu de déposer habituellement des enfants au tour, de six mois à deux ans de prison ; le double pour les médecins, pharmaciens et sages-femmes. — Cet article ne serait guère applicable que si le tour était surveillé, et, s'il l'est, ce ne sera plus « la *boîte aux enfants* » d'autrefois. — En somme, le projet Bérenger n'est guère qu'une correction du système administratif actuel, destiné à rendre les dépôts d'enfants irréfusables, à simplifier et à raccourcir les investigations.

Rétabli dans ces conditions, le tour serait-il donc un remède bien efficace contre le mal signalé ? Ne pourrait-on pas, sans recourir à une restauration contre laquelle on invoque des raisons si sérieuses, employer un système qui satisferait tous les intérêts sans en léser aucun ?

Un fait certain, c'est qu'à Paris, l'admission, telle qu'elle est pratiquée, ne laisse place à aucune critique et rend absolument inutile le rétablissement du tour. Quand une personne se présente pour abandonner un enfant, elle est soumise, il est vrai, à une série de questions sur l'enfant, sur les parents de l'enfant et sur elle-même. Mais l'employé du bureau d'admission ne doit jamais, quand la personne s'y refuse expressément, insister pour qu'elle réponde à telle ou telle partie du questionnaire. Quant aux sages-femmes, et elles servent fréquemment d'intermédiaires, elles peuvent se retrancher derrière le secret professionnel. D'autre part, on ne refuse jamais un enfant, qu'il soit légitime ou naturel, qu'il appartienne ou non au département de la Seine. On exige cependant l'acte de naissance ; mais cette exigence qui semble capable d'effrayer une fille-mère ou une épouse coupable, n'a pas d'inconvénients puisqu'il est de jurisprudence constante qu'un enfant peut être déclaré à l'officier de l'état civil comme né de père et mère inconnus. En pareil cas, l'acte fait simplement connaître les prénoms et la date de la naissance de l'enfant. Si on ajoute à cette facilité d'admission les secours pour prévenir ou faire cesser les abandons distribués en vertu de la loi de 1869, et la création d'un service de dames chargées de visiter les mères nourrices, on comprendra pourquoi, dans une ville de deux millions et demi d'habitants il n'y a pas plus d'une trentaine d'enfants trouvés dans une année.

Ce que nous venons de dire de Paris ne peut malheureusement pas s'appliquer à la province. L'admission des enfants dans les hospices y rencontre souvent des difficultés. Les départements dans le but de réaliser des économies s'efforcent de restreindre le plus possible le nombre des admissions. Aussi, est-il exact de dire que cette sévérité contribue pour beaucoup aux abandons sur la voie publique et dans une certaine mesure aux infanticides.

Le tour changera-t-il cet état de choses ? Dans les villes où il serait établi il pourrait avoir d'heureux résultats. Mais, remarquons qu'il n'en existerait qu'un par hospice d'enfants trouvés, c'est-à-dire, un nombre infime dans chaque département. Or, comment veut-on qu'un pareil système réalise de sérieux avantages pratiques ? Ce n'est pas seulement dans cinq ou six centres de population qu'il faudrait un tour, c'est partout où a lieu l'accouchement. Le transport de l'enfant à une distance souvent très grande effraiera la mère qui ne reculera pas devant un infanticide ou un abandon pour l'éviter.

Comme on le voit, les bienfaits du tour seraient fort insuffisants. Nous croyons que sans rétablir une mesure qui, plus que toute autre, semble favoriser la débauche, il serait préférable d'appliquer à la province le système libéral qui fonctionne à Paris. Que les conseils généraux ne cherchent pas à faire des économies si mal comprises ; qu'ils acceptent tous les enfants que leurs mères ne veulent pas garder ; qu'ils distribuent largement des secours pour prévenir ou faire cesser l'abandon en organisant des services de dames chargées de visiter les mères-nourrices ; qu'au besoin l'État en cas d'insuffisance réelle des ressources départementales prenne une part plus grande dans les dépenses et si l'on ne fait pas disparaître complètement les avortements, infanticides, abandons sur la voie publique et la mortalité qui sévit sur les nouveau-nés par manque de soins, du moins aura-t-on employé pour les restreindre le système le plus efficace et le plus conforme à la morale et à la charité.

Arrivons aux particularités relatives à l'état civil des enfants trouvés. Leur état, avons-nous dit précédemment, est un état négatif. En effet, ne pouvant indiquer les auteurs de leurs jours, ils n'ont aucune parenté civile. *Loiseau* développe éloquemment cette idée : « Tous les fils qui les attachaient à leurs père et mère, à leurs ascendants et à leurs collatéraux sont rompus. Tous les rapports que leur naissance avait établis entre eux et leurs parents sont détruits, la chaîne généalogique qui les unissait est brisée, l'ouvrage même de la nature, ses droits sacrés, ses droits imprescriptibles, tout a disparu. Ces enfants existent, mais ne connaissant point leur origine, ils sont placés comme par hasard sur la terre, et, semblables au premier homme ils sont sans ascendants, sans parenté, sans famille et sans patrie (1). » Le premier devoir qui s'impose à l'égard de ces pauvres êtres, aussi bien qu'à l'égard de ceux qui seraient reçus à l'hospice sans acte de naissance, consiste à leur donner un état civil. Sur ce point le Code contient des prescriptions formelles. « Toute personne qui aura trouvé un enfant nouveau-né sera tenue de le remettre à l'officier de l'état civil, ainsi que les vêtements et autres effets trouvés avec l'enfant et de déclarer toutes les circonstances du temps et du lieu où il aura été trouvé. Il en sera dressé un procès-verbal détaillé qui énoncera en outre, l'âge apparent de l'enfant, son sexe, les noms qui lui seront donnés, l'autorité civile à laquelle il sera remis. Ce procès-verbal sera inscrit sur les registres » (art. 58). Dans la pratique, le procès-verbal est dressé par le commissaire de police, puis envoyé à l'officier de l'état civil. On donne à l'enfant le nom du saint qui figure sur le calendrier au jour où il est trouvé (2), ou bien un nom se rattachant au lieu de la découverte, à quelque particularité physi-

1. *Traité des enfants naturels, adultérins, incestueux et abandonnés.*

2. Voir la circulaire du 30 juin 1812 et l'instruction du 8 février 1823 (Watteville).

que, (etc.) ; et on le reçoit ensuite à l'hospice où l'on indique sur un registre tous les détails qui peuvent faciliter la reconnaissance (décret de 1811, art. 4).

Que l'enfant soit tout récemment né ou paraisse âgé de quelques mois, dans les deux cas, le procès verbal doit être dressé et inscrit sur les registres ; ce qui peut produire ce singulier résultat qu'un même enfant possède deux actes de naissance différents. Il arrive, en effet, fréquemment, que déjà l'acte a été rédigé : nous citerons comme exemples, le cas où l'enfant doit le jour à des parents mariés poussés à l'abandon par la misère et celui où il a pour mère une fille accouchée dans un hôpital. Au premier cas l'accouchement n'ayant rien que de très honorable, il y a tout lieu de penser que les formalités exigées par le Code ont été remplies ; au second la mère étant accouchée dans un établissement public, les prescriptions des articles 55, 56 et 57 ont été certainement observées. Quand cette éventualité vient à se produire, si l'on apprend qu'avant son abandon l'enfant figurait déjà sur les registres de l'état civil, le procès verbal doit être rectifié, conformément aux articles 99 et suivants du Code.

L'abandon sur la voie publique entraîne une suppression d'état. Faut-il en conclure que les auteurs de l'abandon pourront être poursuivis et punis pour ce fait ? Le décret de 1811 dispose dans son article 23 que les individus convaincus d'avoir exposé des enfants, ceux qui feraient habitude de les transporter dans les hospices seront punis conformément aux lois. Le premier cas est prévu par les articles 349 et suivants du Code pénal qui infligent à l'auteur de l'exposition et du délaissement des peines variées suivant les circonstances, l'âge de l'enfant et la qualité de l'exposant. Quant au second, on reconnaît généralement qu'il échappe à toute répression en l'absence d'une sanction pénale (1). Il est vrai que l'article 348 punit le transport à l'hospice, mais il vise uniquement l'hypothèse d'un abus de confiance commis par celui auquel un enfant a été remis pour en prendre soin ou pour toute autre cause. Si l'auteur de l'abandon est le père ou la mère, l'article 348 ne s'applique pas (2). Les rédacteurs du Code pénal n'ont pas voulu punir les parents qui mettent leurs enfants à l'hospice, en prévision du cas où ils auraient été poussés par la misère à cette extrémité (3).

1. Cour de Montpellier, 13 août 1844.
2. Cassation, 16 décembre 1843; Dalloz, 44-1, 87.
3. Locré, *Législ. civ.*, t. 7.

CHAPITRE III

DE LA TUTELLE DES ENFANTS ASSISTÉS

Généralités.

L'enfant a franchi le seuil de l'hospice. Désormais la société remplacera auprès de lui la famille qu'il n'a jamais connue ou que la mort lui a enlevée. Le devoir de ceux auquels la loi confie l'enfant est donc nettement tracé. Ils doivent le nourrir et l'élever, en faire un homme honnête et laborieux, le mettre en état d'arriver un jour à une situation honorable et de rendre à son pays, dans la sphère de ses aptitudes, les services que l'on doit attendre de tout bon citoyen. La loi du 25 pluviôse an XIII, complétée par le décret de 1811, est le texte fondamental sur cette matière. Dans son article 1er elle déclare que les enfants admis dans les hospices à quelque titre et sous quelque dénomination que ce soit sont sous la tutelle des commissions administratives. Celles-ci désignent un de leurs membres pour exercer, le cas advenant, les fonctions de tuteur, et les autres forment le conseil de famille.

Un point qu'il faut d'abord commencer par établir d'une manière positive, c'est que cette expression de tutelle dont parle l'article 1er doit être entendue dans son acception la plus générale. Elle embrasse non-seulement les pouvoirs confiés par le Code civil aux tuteurs et aux conseils de famille dans le droit commun, mais encore les attributs complets de la puissance paternelle (1). Pourtant la loi de pluviôse, sauf dans l'article 4 relatif à l'émancipation, ne nous apprend nulle part que les commissions administratives doivent jouir des droits qui sont l'apanage exclusif des père et mère. Mais si on consulte le discours au Corps législatif de *Regnaud Saint-Jean-d'Angely*, conseiller d'État, orateur du Gouvernement chargé du rapport sur le projet qui est devenu la loi de pluviôse, on trouve ces mots, expression précise et catégorique de la pensée du législateur : « Le gouvernement a dû s'occuper d'assurer le sort des enfants abandonnés, de créer pour eux, à la place des parents qu'ils ne connurent jamais ou qu'ils ont perdus, une paternité sociale qui exerçât *tous les droits*, *toute la puissance de la paternité naturelle* et qui en suppléât les soins, la vigilance et la protection. »

Les enfants assistés légitimes aussi bien que les enfants naturels sont réputés n'avoir plus de famille en dehors de la Commission administrative. Par suite, s'ils ont encore leurs père et mère ou des ascendants, ni les uns, ni les autres ne peuvent prétendre aucun droit sur le gouvernement de la personne et l'administration des biens (2). Ce

1. Sans préjudice néanmoins de la faculté reconnue aux père et mère de réclamer l'enfant et de recouvrer ainsi l'exercice d'une puissance abdiquée avec l'abandon (voir plus loin, p. 132).

2. Tribunal civil du Puy, 29 juil. 1861 (Dalloz, 62, 3, 14).

résulte des mots : « *à quelque titre et sous quelque dénomination que ce soit.* » Et c'est justice. Les parents qui ont abdiqué des devoirs à eux imposés par la nature et par la loi ne doivent pas être admis à réclamer ensuite l'exercice de droits, véritables corollaires des obligations qu'ils ont répudiées. (Mais comme la législation est naturellement faite dans l'intérêt des enfants, ceux-ci conservent tous leurs droits sur les successions auxquelles ils ont vocation d'après le droit commun.)

La Commission administrative de l'hospice qui a recueilli l'enfant a donc la tutelle même à l'encontre des père et mère et des ascendants. Mais, lui est-il permis de déléguer ses pouvoirs? L'article 2 répond à cette question en indiquant le seul cas où la délégation soit autorisée : « Quand l'enfant sortira de l'hospice pour être placé comme ouvrier, serviteur ou apprenti dans un lieu éloigné de l'hospice où il aura été placé d'abord, la Commission de cet hospice pourra par un simple acte administratif visé du Préfet ou du Sous-Préfet déférer la tutelle à la Commission administrative de l'hospic[illegible]in du lieu de la résidence actuelle de l'enfant. » [illegible]ons que le visa seul du Préfet est exigé et non son [illegible]sentement. Son rôle se réduit, en quelque sorte, à [illegible]galiser la décision de l'hospice. Dans l'usage, cependant, le Préfet autorise, ce qui s'explique par la prépondérance de plus en plus considérable prise, dpuis la loi de 1869, par le département et l'État sur tout ce qui concerne le service des enfants assistés, notamment en province. En dehors de l'hypothèse de l'article

2, la tutelle ne peut être déférée ni à une association, ni à un bienfaiteur isolé. Encore moins peut-elle résulter tacitement du fait, par la commission d'avoir confié à quelqu'un l'enfant admis à l'hospice. Ce tiers est, par conséquent, non recevable à se porter partie civile dans la poursuite des délits contre la personne de l'enfant. C'est ce qu'a décidé, avec juste raison, un arrêt de la Cour de Bordeaux (1).

Dans le droit commun, le Code civil charge le conseil de famille de nommer un subrogé-tuteur dont la mission consiste à surveiller l'administration du tuteur et à le remplacer quand ses intérêts sont en opposition avec ceux du pupille. La loi de pluviôse est muette sur ce point ; mais, la raison de son silence est facile à expliquer. D'après l'économie de cette loi, le tuteur n'est pas dépositaire des biens meubles appartenant aux mineurs ; ils sont confiés aux soins du Receveur de l'hospice qui accomplit tous les actes de gestion sur les ordres qu'il reçoit et sous la garantie d'un cautionnement élevé. Il n'y a donc pas à craindre de détournement de la part du tuteur. En second lieu, il faut remarquer qu'en principe, c'est la commission administrative tout entière qui exerce la tutelle, le tuteur étant nommé *ad hoc, le cas advenant,* lorsqu'il s'agit de représenter la commission dans une occasion spéciale, telle qu'un contrat de bail, une aliénation, une action en justice. Or, si le tuteur choisi pour mener à bien une affaire particulière donne des preuves d'incapacité, la commission

1. 28 nov. 1833. — Dalloz. Répertoire de législation : *Instruction crim.*, n° 95.

recourra, à l'avenir, à l'expérience d'un autre de ses membres reconnu plus capable. Au cas où il se trouverait, dans le sein de la commission, quelqu'un ayant des intérêts contraires à ceux du pupille, celle-ci devra veiller à nommer un représentant dont les intérêts ne seront pas engagés.

Section Ire

Gouvernement de la personne des enfants.

Avant d'aborder l'éducation telle qu'elle a été organisée par le décret de 1811, nous étudierons d'abord deux attributs qui en sont la conséquence nécessaire : le droit de garde et le droit de correction. Les textes ne contenant aucune prescription à cet égard, on doit suivre le droit commun. Cependant, comme il s'agit ici d'une situation particulière, quelques observations ne seront pas inutiles.

§ 1. — *Droits de garde et de correction.* — Le droit de retenir l'enfant à la maison paternelle est inscrit dans l'article 374 du Code civil. Pour l'enfant assisté, l'asile qui remplace la maison paternelle est la demeure de son nourricier ou de son patron, et accidentellement l'hospice. En conséquence, lorsqu'il vient à s'enfuir, la commission administrative a le devoir de le forcer à réintégrer le domicile qui lui est assigné. Elle peut même recourir à la force publique quand ce moyen devient nécessaire. L'article 376, qui donne au père le droit de faire détenir son enfant, ne laisse aucun doute sur ce point. Le président du tribunal d'arrondissement intimera l'ordre de l'arrêter en quelque lieu qu'il se trouvera.

Le père, dans l'exercice de ses droits de correction, procède tantôt par voie d'autorité, tantôt par voie de réquisition. Le premier moyen, beaucoup plus grave que le second, est soumis à certaines restrictions. Pour l'employer, il faut, entre autres conditions, que l'enfant n'ait pas seize ans et ne possède pas de biens personnels.

On a craint qu'à partir de l'époque où le fils atteint sa seizième année, le père ne fût souvent poussé à agir par la passion, par des sentiments de vengeance. Déjà, en effet, vers cet âge, l'intelligence s'est ouverte, la volonté est plus énergique, on raisonne. De là des discussions, des luttes entre deux volontés contraires, luttes dans lesquelles le père n'a peut-être pas toujours la raison de son côté. Il aurait fallu, à notre avis, reconnaître, dans cette hypothèse, à la commission administrative, des pouvoirs plus étendus qu'au père. Notre raisonnement est le suivant. La situation de l'enfant chez ses parents, et celle de l'enfant confié à la charité publique sont essentiellement différentes. Le premier est soumis à l'autorité d'un seul, son père. L'action que celui-ci exerce sur lui ne trouve de contrepoids que dans la mère, et encore. la mère manque-t-elle parfois de l'énergie nécessaire pour arrêter son mari dans sa sévérité envers l'enfant. D'autre part, si la mort est venue arracher la mère à l'affection des siens, les sentiments que le père a pu concevoir contre son fils ou sa fille ne subissent plus aucune action modératrice. L'enfant assisté, au contraire, est sous les ordres d'une commission, d'une réunion d'hommes avec lesquels il ne se trouve en contact qu'exceptionnellement. Comment comprendre, dans de semblables conditions, des sentiments de haine envers lui ? Une ommission discute froidement, et si quelqu'un de ses membres se laisse emporter par la passion, la sagesse des autres en empêchera toute fâcheuse conséquence. En outre, il faut bien le reconnaître, les principes d'honnêteté ne sont pas toujours sufisamment développés chez l'enfant assisté. Livré à des mains mercenaires, il ne rencontre pas toujours cette chaude affection, cette surveillance continuelle dont l'heureux effet est de redresser le caractère, empêcher le développement des vices et favoriser l'éclosion des qualités du cœur. Il faudrait donc plus de sévérité et moins d'entraves (1), car le nombre des enfants dont les commissions ont la charge est souvent considérable. Enfin, la rigueur et la promptitude de la répression serviraient d'exemple aux autres et les retiendraient par la crainte salutaire qu'elles pourraient leur inspirer.

La condition relative aux biens (art. 382) n'a aucune sérieuse raison d'être. Tous les auteurs sont unanimes sur ce point. Dans l'espèce, elle est absolument inexplicable. On a dit, en ce qui touche le père, qu'il chercherait,

1. La nécessité de prendre des décisions promptes à l'égard des enfants se fait souvent sentir. L'administration ne possède pas, en effet, les ressources du père pour surveiller ses pupilles et les empêcher soit de s'enfuir, soit de commettre des actes graves, délits ou crimes.

quand son enfant aurait des biens, à le faire détenir afin de pouvoir plus facilement les dilapider. L'administration des biens appartenant aux enfants assistés, au lieu d'être pratiquée librement, en l'absence du tout contrôle, est soumise par la loi de pluviôse (art 5 et 6), à des règles précises qui empêchent la dilapidation.

La correction s'exercera au moyen d'une détention de l'enfant. Lebrun a déclaré qu'il ne devait pas être enfermé dans une maison de correction, car ce serait l'envoyer au crime. Le mot détention n'a donc pas ici son acception spéciale et technique. A Paris, les garçons sont envoyés à la *petite Roquette* où un quartier distinct leur est réservé (l. du 5 août 1850) ; les filles au *couvent de la Madeleine*, autorisé à les recevoir par le décret du 30 septembre 1807. Nous devons faire remarquer qu'en général, pour ainsi dire aucun enfant assisté n'est détenu dans Paris, car ceux-là mêmes qui appartiennent au département de la Seine étant dispersés en province, on confie les jeunes rebelles, contre lesquels ont été jugées nécessaires des mesures de rigueur, aux colonies pénitentiaires, et principalement à la *colonie agricole de Mettray* (1).

A peine avons-nous besoin de dire que les commissions administratives doivent être assimilées aux parents, dans le sens et pour l'application de l'article 66 du Code pénal. Ainsi, le tribunal qui acquitte pour défaut de discernement un enfant âgé de moins de 16 ans peut, au lieu d'ordon-

1. Ordinairement on les met en préservation plutôt qu'en correction.

ner qu'il soit détenu dans une maison de correction le remettre à la commission, alors, d'ailleurs qu'elle a fait toutes les diligences pour lui assurer jusqu'à sa majorité les avantages d'une bonne éducation (1).

§ 2. — *Éducation.* — Quels principes doit suivre la société, après avoir recueilli l'enfant, sur la matière importante entre toutes de son éducation ? Cette question n'intéresse pas seulement l'enfant lui-même ; elle a une portée plus haute, elle intéresse l'ordre social tout entier. On ne pouvait donc apporter trop de soins dans la rédaction des dispositions destinées à résoudre ce problème d'une manière satisfaisante.

Le décret de 1811 divise en deux parties la période de l'éducation. La première va jusqu'à 12 ans, la seconde de 12 ans à la majorité. Dans la première période le corps et l'intelligence se forment, mais l'enfant est encore impropre au travail producteur ; dans la seconde, tout en continuant à se développer, il rend des services et prépare réellement la position qu'il occupera dans l'avenir. Cette division est donc parfaitement rationnelle.

Nous laisserons de côté la première éducation. Naturellement l'enfant est confié à une nourrice ; quant à la question de savoir s'il doit être élevé à l'hospice ou à la campagne, quant au choix des nourrices et autres points semblables, nous renverrons aux articles 7 et 8 du décret, aux auteurs qui se sont préoccupés de ces détails impor-

1. Dalloz, 62, 2, 22.

tants au point de vue économique; enfin, aux différentes circulaires et instructions ministérielles (1). A six ans, nous dit le décret, les enfants sont, autant que faire se peut, mis en pension chez des cultivateurs ou des artisans. Les estropiés et les infirmes qui ne peuvent être mis en pension sont élevés à l'hospice où on les occupe dans des ateliers à des travaux qui ne sont pas au-dessus de leur âge (art. 10).

A douze ans cesse la période improductive. L'enfant désormais susceptible d'être utilisé et de commencer son éducation professionnelle est mis en apprentissage (2). Les garçons sont placés chez des laboureurs ou des artisans, les filles chez des ménagères, couturières ou autres ouvrières, ou dans des fabriques ou manufactures (art. 17) (3).

Le législateur parle, en première ligne, du placement chez des laboureurs. Cette préférence s'explique par différents motifs. On a pensé que ce genre de travail serait plus propre que tout autre à former des hommes vigoureux. On a voulu également remédier en partie, aux inconvénients de la tendance qui déjà, à cette époque pous-

1. Comte de Tourdonnet : *De l'éducation des enfants assistés par la charité publique.* — Abbé Gaillard : *Recherches sur les enfants naturels et les enfants trouvés.* — Terme et Montfalcon : *Hist. statist. et mor. des enfants trouvés.* — Instruction du 8 février 1823. — Circulaire du 5 mai 1869 (Watteville).

2. Loi du 19 mai 1874, art. 2.

3. Jamais cette dernière disposition n'est pratiquée. Le placement dans des établissements industriels a été jugé contraire aux intérêts des enfants.

sait, au grand détriment de la culture, les habitants de la campagne vers les villes (1).

Les conditions de l'apprentissage sont réglées par l'article 18 ainsi conçu : « Les contrats ne stipuleront aucune somme en faveur ni du maître, ni de l'apprenti, mais ils garantiront aux maîtres les *services gratuits* de l'apprenti jusqu'à un âge qui ne pourra excéder 25 *ans*, et à l'apprenti la nourriture, l'entretien et le logement. » Ces dispositions d'un grand intérêt méritent un examen particulier. Le but de l'article 18 est de favoriser les placements. Il est précis : si aucune clause ne doit être insérée dans le contrat au profit du maître, ce qui est équitable ; aucune stipulation n'est permise au profit de l'apprenti, ce que, malgré la louable intention du législateur, il est impossible de ne pas sévèrement apprécier. En effet, ne voit-on pas constamment des apprentis doués d'une certaine intelligence, suffisamment robustes et laborieux, rendre à leurs maîtres ou patrons presque autant de services que des ouvriers parvenus à l'âge mûr ? En refusant tout salaire à l'apprenti, on crée un privilège en faveur du patron, résultat qui blesse ouvertement l'équité. Il faut donc regretter qu'au lieu du principe trop absolu de l'article 18 le législateur ne se soit pas plutôt reporté au règlement de 1797 qui s'exprimait en ces termes : « Les commissions des hospices civils feront des transactions particulières avec ceux qui se chargeront des enfants. »

1. Cette prédilection apparaissait déjà nettement dans le règlement de 1797.

Les commissions hospitalières animées du désir de rendre le sort des enfants aussi avantageux qu'il leur est possible, stipulent presque toujours malgré le décret, certaines rémunérations en leur faveur. L'expérience a, du reste, démontré qu'il n'est pas possible de retenir en service, dans la campagne, des élèves déjà vigoureux sans leur fournir d'autres gages que leur entretien. Et cette constatation s'applique surtout aux garçons que l'amour de la liberté et l'envie de gagner de l'argent poussent bien vite à oublier leur engagement.

Les stipulations dont nous venons de parler font honneur au zèle des commissions. Mais, s'il arrivait qu'un patron peu scrupuleux voulût se soustraire à ses obligations en réclamant l'application rigoureuse de l'article 18 que pourrait-on lui objecter ? Rien, et les tribunaux, malgré sa mauvaise foi, seraient obligés de déclarer nul son engagement de payer un salaire à l'apprenti.

L'article 18 dit en outre que les contrats d'apprentissage garantiront au maître les services gratuits de l'apprenti jusqu'à un âge *qui ne pourra excéder vingt-cinq ans.* On a peine à comprendre une pareille dérogation au principe de l'article 488 du Code civil. Quoi ! les jeunes gens qui auront appris de leur maître ou patron tout ce que celui-ci est capable de leur enseigner, non-seulement ne devront toucher aucun salaire, mais encore, lorsqu'ils auront atteint tout leur développement et seront dans la force de l'âge, pendant les quatre années qui suivront leur majorité, ils pourront être obligés à un service gratuit ? N'est-ce pas les pousser au découragement, et ainsi compromettre leur avenir ? Quelle est donc la raison capitale qui a inspiré à l'auteur du décret une disposition aussi contraire aux intérêts de l'enfant ? Nous n'en voyons qu'une : la difficulté des placements. Il ne faut pas oublier qu'on se trouvait à une époque de guerres continuelles, que, de bonne heure, les jeunes gens étaient envoyés à l'armée pour combler les vides formés par les balles ennemies. La crainte de perdre l'apprenti au moment où il commence à rendre de réels services était de nature à restreindre le nombre des demandes. La préoccupation manifestée par la restriction de l'article suivant : « L'appel à l'armée comme conscrit fera cesser les obligations de l'apprenti » en est la preuve. Cette disposition de l'article 18 n'a, du reste, hâtons-nous de le dire, qu'un intérêt historique, car en pratique et depuis très longtemps elle ne reçoit jamais d'application (1).

Les enfants qui ne peuvent être mis en apprentissage, soit à cause de leur inconduite ou de leurs inclinations vicieuses, soit à cause de leurs infirmités, restent à l'hospice où on les occupe dans des ateliers. Le législateur a voulu assurer un asile à ceux auxquels, par suite de diverses circonstances, il devient indispensable (2).

Nous aurons tout dit sur la partie du décret qui touche à l'éducation quand nous aurons examiné un dernier point

1. Le réglement de 1797 n'autorisait le placement que jusqu'à la majorité.

2. *Décision du Conseil d'État* du 13 août 1861 (Dalloz, 62, 3, 4). — *Instruction de* 1823, chap. VI.

mentionné aux articles 9 et 16. A partir de 12 ans, les enfants mâles, en état de servir, sont mis à la disposition du ministre de la Marine, et lorsqu'il use de son droit, la tutelle des commissions administratives cesse. Pour comprendre le but du législateur il faut remonter à la date du décret. Les grandes guerres de Napoléon Ier l'avaient forcé à prendre une partie du personnel de la marine pour le verser dans les armées de terre. Il en résultait une véritable pénurie de marins. D'autre part, le service maritime nécessite un long apprentissage. Tels sont les deux motifs qui donnèrent l'idée de recourir aux enfants trouvés ayant atteint leur douzième année. Mais, ce n'était là qu'une nécessité passagère, et cette destination des enfants aurait dû disparaître avec les évènements qui l'avaient imposée. En fait, jamais le ministre de la marine n'usa de son droit (1). Quant à la question de savoir si théoriquement l'article 16 est encore en vigueur, nous n'hésiterons pas à soutenir la négative. Les enfant assistés jouissent sur ce point du bénéfice du droit commun, puisque la loi sur le recrutement ne contient aucune exception à leur égard (2).

Ainsi, le décret de 1811 est loin d'avoir organisé l'éducation des enfants assistés d'une manière irréprochable. Il devait, autant que possible, éviter de créer à leur égard des mesures d'exception ; le principe d'égalité devant la loi l'exigeait. Nous venons de montrer qu'il n'en a pas suffisamment tenu compte.

1. Bien mieux : il refuse les enfants que lui offrent les hospices.
2. Dalloz, Répert. *Min. tut.*, n° 717.

§ 3. — *Emancipation.* — Lorsqu'un mineur a encore son père et sa mère, il peut être émancipé dès l'âge de quinze ans révolus. S'il est orphelin il doit avoir dix-huit ans également révolus. Puisque les commissions administratives jouissent de tous les attributs de la paternité, il faut en conclure qu'elles ont la faculté d'émanciper les enfants assistés quand ils ont achevé leur quinzième année. C'est, en effet, ce qu'exprime implicitement l'article 4 de la loi de pluviôse : « Les commissions des hospices jouiront, relativement à l'émancipation des mineurs qui sont sous leur tutelle, des droits accordés aux pères et mères par le code civil. L'émancipation sera faite sur l'avis des membres de la commission administrative par celui d'entre eux qui aura été désigné tuteur et qui seul sera tenu de comparaître, à cet effet, devant le juge de paix. L'acte d'émancipation sera délivré sans autres frais que ceux d'enregistrement et de papier timbré ». Quand le développement des facultés morales des pupilles donne lieu de penser qu'on peut, sans nuire à leurs intérêts, prononcer de bonne heure leur émancipation, les commissions doivent user du pouvoir que la loi leur attribue (1) ; mais, d'autre part, la loi leur laisse la liberté de prolonger la tutelle jusqu'à son dernier terme, tant que la conduite des enfants fait penser qu'ils sont encore incapables de se diriger eux-mêmes (2).

C'est le receveur de l'hospice qui remplit les fonctions

1. Discours de Duvidal, orateur du Tribunat (Locré).

2. L'émancipation des enfants assistés est un fait extrêmement rare.

de curateur, parce qu'il a mieux que tout autre, connaissance des capitaux du pupille et des caisses où ils ont été versés.

§ 4. — *Mariage.* — Aucun texte ne prévoit le mariage de l'enfant. Il a paru aux auteurs de la loi, que cette question ne pouvait donner lieu à aucune difficulté sérieuse. Elle demande cependant quelques observations.

Jusqu'à quel âge est exigé le consentement de la commission administrative? Dans le droit commun, la limite de vingt-cinq ans pour les fils et de vingt et un an pour les filles, du vivant des père, mère et ascendants, est ramenée uniformément à vingt et un an lorsque les uns et les autres sont morts. La commission exerçant, nous le répétons, tous les droits de la paternité naturelle, les enfants, cela ne doit faire aucun doute, ne peuvent se passer de son consentement, les garçons avant 25 ans et les filles avant vingt et un an, époque de la majorité de droit commun. Ils ont, du reste, plus besoin que des jeunes gens élevés dans le sein de leur famille d'être protégés contre les entrainements des passions (1).

1. M. Demolombe n'est pas de notre avis. Il s'agit, dit-il, d'une classe d'enfants dont il importe de favoriser, de hâter même l'établissement ; et les mêmes motifs, qui permettent aux commissions administratives de les émanciper à quinze ans, doivent s'opposer à ce que leur consentement au mariage des garçons soit nécessaire jusqu'à l'âge de vingt-cinq ans (*Minorité*, t. II, nº 396). Cet argument est vicieux. Si le mineur peut être émancipé dès l'âge de quinze ans, c'est que la commission a, dans l'intérêt de l'enfant, les droits et les devoirs de la paternité naturelle; or, le consentement du père est exigé jusqu'à vingt-cinq ans pour les fils, et cela aussi bien dans l'intérêt de ceux-ci que dans l'intérêt de la famille.

Enfin, en nous basant toujours sur les mêmes principes, nous admettons, sans hésiter le droit pour la commission de faire opposition au mariage, dans les conditions où ce droit est accordé au père par le Code civil (1).

Notre raisonnement s'applique sans difficulté à l'hypothèse d'un enfant dont les parents sont inconnus ou décédés. Mais, si l'on suppose connus les père et mère auteurs de l'abandon, ne sera-ce pas plutôt à eux qu'appartiendront les droits d'autorisation et d'opposition dont nous venons de parler? Il arrive fréquemment que la misère est la cause unique de l'abandon et que les parents n'ont jamais cessé de conserver pour leur enfant légitime ou naturel reconnu l'affection qu'inspire presque toujours la nature. Resteront-ils donc étrangers à un acte aussi capital dans la vie de l'enfant? Si dure que paraisse l'affirmative, elle s'impose, car la loi n'a pas établi de catégories entre les parents. L'article 1 de la loi de pluviôse est précis : « Les enfants admis dans les hospices, *à quelque titre et sous quelque dénomination que ce soit....* »

M. Demolombe dit : *Il faut hâter son établissement.* Mais, de deux choses l'une : ou le choix de l'enfant est bon et, dans ce cas, la nécessité du consentement ne sera jamais un obstacle, car la commission s'empressera toujours de le donner ; ou il est mauvais, et alors, en refusant de consentir au mariage, la commission éloignera peut-être pour toujours l'enfant d'une union dont il aurait été la victime et fera, de la sorte, acte de protection envers lui. —Dans la pratique, les enfants, garçons ou filles, se marient librement quand ils ont vingt et un ans.

1. L'enfant doit soumettre à l'approbation de la commission son projet de contrat de mariage.

Section II

Administration des biens des enfants.

Parmi les enfants assistés, il en est un certain nombre qui possèdent des biens, ce sont, par exemple, des orphelins auxquels leur père en mourant laisse un mobilier, un morceau de champ ou de vigne ; c'est un enfant naturel non reconnu, adultérin ou incestueux, auquel un père ou une mère, dans l'aisance ou la richesse donne une certaine somme d'argent ou lègue sa fortune (1).

En prévision de ces hypothèses et d'autres encore, il fallait organiser la gestion des biens de manière qu'en quittant l'hospice, les enfants pussent les recevoir aussi intacts et aussi prospères qu'on doit l'attendre d'une bonne et fidèle administration. Tel est l'objet des articles 5 et 6 de la loi de pluviôse.

§ 1. — *Rôles du receveur et du tuteur.* — « Si les enfants admis dans l'hospice ont des biens, nous dit l'article 5, le receveur de l'hospice remplira, à cet égard, les mêmes fonctions que pour les biens des hospices... » Les fonctions dont il est ici question consistent dans la manutention des deniers, la conservation des biens et l'exécution des décisions relatives à leur gestion (2). Son rôle, en ce qui concerne le patrimoine des enfants, est donc le suivant.

1. Voir le discours du rapporteur (*loc. cit.*).
2. Décret du 31 mai 1862.

Il doit remplir toutes les formalités pour la mise en possession des héritages, presser les débiteurs en retard, empêcher les prescriptions, veiller à ce que les locataires et fermiers satisfassent à leurs obligations, assurer les réparations, toucher les intérêts et les arrérages, etc.

Cette attribution au receveur de fonctions aussi importantes a pour résultat de rendre le rôle du tuteur beaucoup moins considérable que dans le droit commun. Nous avons eu, du reste, l'occasion de dire qu'il n'existe pas de tuteur permanent. En principe, c'est la commission qui règle le sort des biens; l'administrateur-tuteur n'est que son représentant. En cette qualité, et pourvu des autorisations nécessaires, il passe les baux, accepte les donations et les successions (1), exerce les actions, consent les hypothèques, les aliénations et les transactions.

Puisque le tuteur *ad hoc* ne manie pas les deniers et qu'il cesse de l'être quand la fonction particulière pour laquelle il a été nommé est remplie, il n'eût pas été juste que la garantie de l'administration fût retombée sur lui. C'est ce que comprit le tribunat, qui ajouta à l'article 5, proposé par le Gouvernement, la disposition suivante : « Toutefois, les biens des administrateurs-tuteurs ne pour-

1. L'enfant trouvé peut recevoir des libéralités de toute personne capable de disposer. N'ayant ni père, ni mère aux yeux de la loi, il est habile à recueillir tous les legs et toutes les donations qui lui sont destinés, quand même, en fait, il serait enfant naturel ou adultérin du testateur ou du donateur, et, à ce titre, incapable de recevoir au-delà d'une certaine limite; car, tant qu'il n'a pas été reconnu (et s'il est adultérin ou incestueux, il ne peut pas l'être), aucune incapacité ne lui est opposable.

ront, à raison de leurs fonctions, être passibles d'aucune hypothèque. La garantie de la tutelle résidera dans le cautionnement du receveur chargé de la manutention des deniers et de la gestion des biens. »

§ 2. — *Étendue des pouvoirs de la commission.* — Quand il s'agit de l'administration des biens de l'hospice, la loi du 7 août 1851 indique (art. 8, 9 et 10) les cas où les commissions administratives délibèrent réglementairement et ceux où une autorisation supérieure est nécessaire. Ainsi, les conditions des baux à ferme, quand leur durée n'excède pas dix-huit ans pour les baux ruraux et neuf ans pour les biens de ville, sont débattues définitivement par les commissions ; au-dessus de cette durée, il faut l'approbation du Préfet. Cette approbation est également requise dans l'hypothèse d'une aliénation. Pour accepter des dons et legs, il faut tantôt celle du Préfet, tantôt celle du chef du gouvernement (1). L'article 4 de la loi du 28 pluviôse an VIII exige le consentement du Conseil de préfecture quant l'hospice veut exercer une action en justice ou y défendre.

Les commissions doivent-elles remplir ces différentes formalités administratives si les biens en jeu sont ceux de leurs pupilles ? L'affirmative rencontre des partisans. L'article 5 de la loi de pluviôse en confiant la gestion de ces biens au receveur les assimile, dit-on, aux biens hospitaliers ; et cela est juste, car les commissions pourraient être

1. Lois du 18 juillet 1837 et du 24 juillet 1867.

portées à agir légèrement, à sacrifier même parfois les intérêts des enfants. Le tuteur nommé ne se ferait aucunement scrupule de permettre la location ou la vente en faveur d'un ami, aux conditions que celui-ci fixerait. Nous n'admettrons pas cette théorie. D'une part, elle méconnait l'honorabilité et le dévouement des commissions; d'autre part elle confond deux choses distinctes : le patrimoine des enfants, patrimoine privé, et celui des hospices, c'est-à-dire des pauvres en général. On comprend que la hiérarchie administrative intervienne dans la gestion des biens hospitaliers. Quant à la fortune des mineurs assistés, en dehors des règles spécialement formulées, on retombe dans l'application du droit commun. La commission dans son rôle de conseil de tutelle doit être assimilée à un conseil de famille ordinaire. Elle statue, par suite, souverainement ou sauf l'homologation du tribunal, suivant les distinctions établies au Code civil (1).

§ 3. — *Placement des capitaux, emploi des arrérages, gestion des valeurs mobilières.* — « Les capitaux qui appartiendront ou qui écherront aux enfants admis dans les hospices seront placés dans les Monts-de-Piété : dans les communes où il n'y aura pas de Mont-de-Piété, ces capitaux seront placés à la caisse d'amortissement (aujourd'hui caisse des dépôts et consignations), pourvu que chaque somme ne soit pas au-dessous de 150 francs, auquel cas il sera disposé selon que réglera la commission administrative » (art. 6). La raison de la préférence du législa-

1. Dalloz. Répertoire, *Secours publics*, n°.210.

teur pour les Monts-de-Piété nous est donnée par l'orateur du Tribunat. « Cette remise convient aux rapports entre ces établissements destinés, les uns à prévenir les premières atteintes de la misère, les autres à la soulager. » Le motif invoqué paraît assez légitime. Pourtant, il ne fallait pas que les avantages pécuniaires des pupilles fussent sacrifiés à la prospérité des établissements en question ; et c'est ce qui arriva tant que l'article 6 fut observé à la lettre. Actuellement l'État, le département de la Seine, la ville de Paris, les caisses d'épargne elles-mêmes servent des intérêts supérieurs à ceux du Mont-de-Piété et offrent la même garantie. Aussi, dans la pratique, l'article 6 n'est-il jamais appliqué. Les capitaux importants sont ordinairement employés en rentes 3 pour 100 sur l'État ; les petites sommes sont placées à la caisse d'épargne.

L'article 6 ne dit rien des délais dans lesquels les capitaux doivent être employés. Le Code civil lui-même ne renfermant aucune règle sur ce point, les commissions administratives pouvaient négliger le placement. La loi du 27 février 1880 est venue mettre un terme à cet état de choses. Elle décide que les capitaux doivent être placés dans un délai de trois mois. Son but est d'éviter les dissipations. Mais, en ce qui concerne les enfants assistés, elles sont beaucoup moins à redouter, puisque le receveur chargé de la conservation des biens est : 1° obligé de fournir un cautionnement élevé sur lequel l'hospice possède un privilège (Art. 2102, C. civ.) ; 2° frappé d'une hypothèque légale (art. 2121). L'avantage principal de cette obligation consiste en ce que les capitaux ne restent pas inutilisés.

En ce qui touche les revenus, l'article 455 du Code civil reste en vigueur.

L'article 6 ne prévoit pas le cas où l'enfant est propriétaire de valeurs mobilières. Cela n'a rien qui doive nous étonner, car au commencement du siècle, les fortunes étaient presque exclusivement immobilières. La loi de 1880 s'appliquant (art. 8) dans toutes ses dispositions aux mineurs placés sous la tutelle des administrations hospitalières, il faut décider que le tuteur nommé par la commission administrative doit, dans les trois mois de l'ouverture de la tutelle, convertir en titres nominatifs les titres au porteur que le conseil de famille a jugé utile de conserver (art. 5). Ce cas se présentera bien rarement, car sauf les orphelins généralement peu nombreux dans les hospices et qui peuvent posséder quelques biens lors du décès du dernier survivant de leurs père et mère, les enfants délaissés ne sont jamais, au moment de l'abandon, propriétaires de valeurs mobilières. Par contre, il arrive assez fréquemment que, pendant la tutelle, des enfants reçoivent par succession ou donation manuelle ou authentique des valeurs mobilières. Le tuteur doit également convertir celles qui sont au porteur en valeurs nominatives dans le même délai de trois mois (art. 5). Quant aux détails, nous renverrons à la loi de 1880 et aux commentaires qui en ont déjà été publiés (1).

1. *Revue critique*, t. 49 (M. Buchères). — *Revue de l'Académie de Toulouse*, t. 28 (Bressolles).

Dans la tutelle du droit commun, le Code civil ne prévoit pas l'aliénation des valeurs mobilières. La jurisprudence en concluait que la loi n'ayant pas soumis cet acte à des conditions spéciales (en dehors des hypothèses de la loi des 24 mars 1806 et du décret du 25 septembre 1813), le tuteur avait plein pouvoir pour l'accomplir, quelle qu'en fut l'importance, sans formalité et sans autorisation. La loi de pluviôse étant également restée muette en ce qui touche les valeurs appartenant aux enfants assistés, on devait appliquer la même solution aux commissions administratives. La loi de 1880 a modifié heureusement cet état de choses, susceptible de compromettre la fortune des mineurs. Lorsque le montant des rentes, actions, parts d'intérêts, obligations et autres meubles incorporels à aliéner dépasse, d'après l'appréciation du conseil de famille, quinze cents francs en capital, la délibération est soumise à l'homologation du tribunal qui statue en la chambre du conseil, le ministère public entendu (art. 2).

Section III

De la reconnaissance et de la réclamation des enfants assistés.

En prenant l'enfant sous sa protection, la société a pour but de l'arracher à la triste destinée à laquelle le condamnaient la perversité ou la misère de ses parents. Mais, quand ceux-ci revenus à des sentiments plus conformes à l'humanité et à la morale, ou sortis de l'état de pauvreté dans lequel ils étaient plongés, le réclament, c'est avec empressement que la société doit abdiquer tous les droits qu'elle s'était attribués. Son intérêt et celui de l'enfant exigent l'un et l'autre cette décision. La société se débarrasse d'une charge pécuniaire, l'enfant trouvera au milieu de sa famille des soins encore plus dévoués, une surveillance plus sévère que chez son nourricier ou son patron.

Les règles applicables à la restitution de l'enfant font presque complètement défaut ; mais les théories générales de notre droit permettent de suppléer à l'insuffisance des textes.

La première obligation qui incombe à l'hospice est d'exiger du réclamant toutes les preuves établissant avec évidence l'identité de l'enfant et la nature des liens qui les unissent. Ainsi, en prenant pour exemple l'enfant trouvé, les déclarations du réclamant doivent se rapporter strictement à toutes les circonstances de la découverte ; les marques naturelles et les objets trouvés sur l'abandonné doivent être décrits avec exactitude. Ce n'est pas tout. Si l'enfant est naturel, le père et la mère, pour pouvoir exercer les droits qui résultent de leur qualité, doivent exhiber l'acte de reconnaissance et s'il n'a pas été dressé avant l'abandon, ils doivent le faire établir. C'est une condition *sine qua non* de la restitution. Le Code civil contient les règles relatives à la reconnaissance ; le décret de 1811 déclare n'y apporter aucune dérogation.

Passons maintenant aux autres conditions de la restitution. L'article 21 du décret exige simplement le remboursement des dépenses. Mais les commissions hospitalières avant de se dessaisir des pouvoirs qu'elles tiennent de la loi ne sont-elles pas obligées de s'assurer que les parents jouissent d'une moralité suffisante et ont les moyens d'élever leurs enfants ? *L'instruction ministérielle du 8 février 1823* est le seul élément de solution que nous possédions sur ce point. Elle exige un certificat de moralité constatant en même temps l'existence de ressources suffisantes et délivré par le maire de la commune. Mais une circulaire ministérielle n'a aucunement qualité pour trancher une question de droit.

A notre avis, la seule théorie possible est la suivante. La loi de pluviôse accorde aux commissions administratives la puissance paternelle parce que les enfants n'ont plus leurs parents ou en sont délaissés ; mais si les père et mère qui ont répudié leurs obligations se présentent et se déclarent prêts à s'acquitter des devoirs que la nature et le Code leur imposaient, comme en réalité aucune déchéance n'a été prononcée contre eux, et comme le droit des commissions est un droit subsidiaire, un droit qui ne puise sa raison d'être que dans l'abandon ; dès que cet abandon cesse et que les parents ont satisfait à l'obligation de l'article 21 dont nous parlons plus loin, la tutelle hospitalière s'éteint *de plano* (1). Sans doute il est profondément regrettable que la loi n'ait pas exigé, avant de permettre la remise,

1. En ce sens, Colmar, 5 avril 1838 : Dalloz, *Répertoire, minorité, tutelle*, n° 716. — Demolombe, *Minorité*, liv. II, n° 397.

certaines garanties. Quoi que l'on en pense, son silence ne permet pas d'autre solution.

Pendant toute la durée de l'abandon, la nourriture, l'entretien et l'éducation de l'enfant ont occasionné des dépenses à l'hospice. Il est absolument juste que les père et mère remboursent, dans la mesure de leurs moyens, tout ou partie de ces dépenses. Mais, quelle sera la base juridique de la restitution? Un contrat tacite entre l'auteur de l'abandon et l'hospice. La mère qui porte son enfant dans cet établissement ou l'abandonne sur la voie publique sachant parfaitement que l'hospice le recueillera et l'élèvera, s'oblige par là même à rembourser, le jour où elle le réclamera, toutes les dépenses qu'elle aurait supportées si elle eut toujours rempli son devoir de mère. L'article 21 du décret est ainsi conçu : « *Avant d'exercer aucun droit*, les parents *devront*, s'ils en ont les moyens, rembourser toutes les dépenses faites par l'administration publique ou par les hospices ». Prescription bizarre! L'article 21 subordonne la remise de l'enfant et la cessation des droits des hospices au remboursement des dépenses, et ainsi crée sur l'enfant un véritable droit de rétention. D'où il résulte que légalement il doit être rendu à ses parents, eussent-ils la plus mauvaise réputation, s'ils remboursent intégralement; tandis que s'ils sont honnêtes, mais refusent par gêne matérielle de payer toute la somme demandée, l'hospice peut garder l'enfant. On comprenait une pareille rétention, dans le droit romain, quand il s'agissait du *partus ancillæ*, puisque l'esclave était une chose. Mais, dans notre droit, cette quasi-assimilation d'un enfant à une chose blesse profondément notre dignité et nos convictions égalitaires. N'eut-il pas mieux valu n'établir aucun lien entre la remise de l'enfant et la question des dépenses? Le rendre d'abord, en subordonnant, cette restitution au résultat d'une enquête portant sur la moralité et les ressources des parents, puis poursuivre, s'il y a lieu, le remboursement des frais par une action civile basée sur le contrat dont nous avons parlé, voilà ce qu'exigeait la logique juridique.

La tutelle cesse de plein droit, mais les effets qu'elle a pu valablement produire sont définitifs et non soumis à la condition résolutoire de la réclamation par les parents. Le décret de 1811 applique cette idée au cas qui ne s'est jamais présenté où l'État dispose de l'enfant. Ce dernier, dit-il, ne peut être soustrait aux obligations qui lui sont imposées. Il en est de même des engagements continuels résultant des contrats d'apprentissage. Le réclamant doit les respecter, sinon les maîtres et patrons n'eussent consenti que difficilement à signer les contrats.

Ici se pose une question délicate, c'est celle de savoir, si, en dehors du père et de la mère, d'autres parents peuvent user du droit de réclamation. Devra-t-on livrer l'enfant à un aïeul ou a un collatéral, par exemple, à un oncle ou cousin? et si on le doit, à quel degré de parenté faudra-t-il s'arrêter? Cette question est rarement soulevée dans la pratique, car les enfants assistés sont en grande majorité naturels. Elle peut, néanmoins se présenter. Nous pensons que l'enfant ne doit être remis qu'à ceux auxquels en l'absence des père et mère le Code impose des obligations à son égard. Or, les seules personnes qui satisfassent à cette condition sont les ascendants appelés à la tutelle légitime de leurs descendants et tenus, en outre, envers eux à une obligation alimentaire en vertu du principe de réciprocité de l'article 207 (1). Mais, nous admettons, dans cette hypothèse, que les droits ne cessent pas *de plano*, comme au cas où la réclamation provient du père ou de la mère. La commission administrative investie d'une paternité sociale, doit, avant d'abdiquer ses droits, s'assurer si les ascendants jouissent de toute l'honorabilité désirable et s'ils ont les moyens matériels de remplir leurs obligations. Un collatéral poussé par une louable intention, désire-t-il se charger de l'enfant? rien n'empêchera la commission de le lui confier comme elle le confierait à un étranger, c'est-à-dire en conservant l'autorité que la loi lui attribue sur l'enfant, et la faculté de le retirer lorsqu'elle jugera que son intérêt l'exige. Si la réclamation provient de l'aïeul d'un enfant naturel, le Code n'ayant établi aucun lien légal entre eux, notre décision sera la même qu'à l'égard du collatéral (2).

1. Dalloz, *Secours pub.*, n° 215. — Durieu et Roche, *Répertoire, Enfants trouvés.*

2. Quand l'enfant sort de l'hospice, son compte de tutelle doit lui être rendu sans frais. Argument d'analogie tiré de l'art. 4 de la loi de pluviôse. — *Décision du ministre de l'intérieur du* 18 *mai* 1824 (Watteville).

CHAPITRE IV

DES DROITS ACCORDÉS AUX HOSPICES SUR LES BIENS DES ENFANTS

§ 1. — *Droits sur les revenus.* — L'article 7 de la loi de pluviôse dispose que les revenus des biens et capitaux des enfants sont perçus jusqu'à leur sortie, *à titre d'indemnité* des frais de nourriture et entretien (1). Cet article dont l'importance est grande donne lieu à de sérieuses controverses, et mérite, par suite, une étude particulière. La première question qui se pose est celle de savoir quelle est exactement l'étendue des droits de l'hospice. Ne doit-il retenir les revenus que jusqu'à concurrence des frais de l'enfant, ou bien peut-il les garder intégralement, quand même ils dépasseraient de beaucoup les dépenses ? Certains hospices ont prétendu que l'attribution des revenus à leur profit est absolue. Voici les différentes raisons sur lesquelles ils se sont fondés. La loi de pluviôse garde le silence sur ce point. Comment admettre, ont-ils dit, que la question n'ait pas été posée. Si aucune distinction n'a été établie, c'est que, dans l'esprit du législateur la règle ne comportait pas de restriction. En second lieu, si l'excédant des revenus sur les dépenses avait dû être restitué, l'emploi en

1. A Paris, on n'use pas de cette faculté. A la sortie des enfants, les revenus capitalisés leur sont restitués avec les capitaux.

aurait été prescrit comme celui des capitaux. Or, à cet égard, la loi est également muette. Ceci admis, on se demande pourquoi elle se montrerait aussi favorable aux hospices. On répond : lors de sa confection, les hospices étaient obligés de recourir à leurs propres ressources pour subvenir aux besoins des enfants. Elle leur interdit par humanité de s'indemniser sur le capital de ceux qui peuvent avoir quelques biens ; or, la perception des intérêts laisse le capital intact, et s'ils sont supérieurs aux dépenses, ce sont les autres enfants moins heureux qui en profitent (1).

Les partisans de la doctrine inverse font appel aux arguments suivants : il est contraire aux notions de droit et de justice d'accorder aux hospices la portion des revenus qui dépasse les frais. Le silence de la loi en ce qui regarde l'emploi n'est qu'un oubli. Et puis, comment admettre que la loi de pluviôse dont le but est d'améliorer la condition des enfants assistés ait songé à donner aux hospices des droits en opposition aussi formelle avec l'intérêt des enfants. Enfin, loin d'être muet sur la question, l'article 7 la tranche catégoriquement puisque, d'après ses propres termes, les revenus sont perçus *à titre d'indemnité* et qu'il est contre la nature de l'indemnité de donner lieu à un bénéfice (2).

Nous admettrons, sans hésiter, cette opinion. Il résulte très clairement de l'exposé des motifs de la loi qu'il n'est

1. En ce sens, arrêt de la Cour de Bordeaux du 11 mars 1840 : Dalloz. Répertoire, *Min. tut.*, n° 714.

2. Cassation, arrêt du 21 mai 1849. — Dalloz, 49, 1, 202.

pas venu à l'esprit du législateur que des enfants abandonnés pussent avoir des revenus supérieurs à leurs dépenses (1). « La fortune toujours modeste des enfants », dit le rapporteur dans son discours. Le silence de l'article 6 en ce qui touche l'emploi des revenus s'explique ainsi naturellement et, de la sorte, toute l'argumentation des partisans du premier système s'écroule d'elle-même. La seule raison qu'ils auraient pu invoquer, celle qui se tire de la déclaration du rapporteur : « *Les commissions exerceront tous les droits de la paternité naturelle* » se réfute également sans difficulté : le rapporteur a entendu parler des droits sur la personne et non des droits sur les biens. Enfin, les considérations morales invoquées dans le second système et l'expression claire et précise *d'indemnité* employée par l'article 7 lèvent absolument tous les doutes.

Au moment où fut votée la loi de pluviôse, les hospices avaient à leur charge toutes les dépenses des enfants assistés. Depuis, ils en ont été complètement exonérés par la *loi du 5 mai* 1869, et c'est le département qui supporte la majeure partie des frais. Faut-il en conclure que la jouissance des revenus appartient désormais au département substitué aux droits des hospices ? Assurément. Le droit de jouissance des hospices est subordonné à la condition *sine qua non* qu'ils supporteront les frais. Puisque, relativement aux dépenses, le département leur est substitué,

1. Cette hypothèse se présente pourtant assez fréquemment à Paris.

c'est à lui seul que doit revenir l'indemnité : *ubi onus, ibi emolumentum* (1).

Autre question : l'article 7 dispose que les revenus des biens et capitaux sont perçus jusqu'au jour où les enfants sortent de l'hospice. Que faut-il entendre par ces derniers mots ? On a soutenu que l'on doit considérer le placement en apprentissage comme une sortie de l'enfant, car, à partir de ce moment il cesse d'être à la charge de l'hospice. Cette théorie est inadmissible. Il n'est pas question d'une sortie matérielle, d'un éloignement momentané ou prolongé, mais d'une sortie définitive ; ce qui présente lors de l'émancipation, de la majorité, du décès et de la reconnaissance par les parents.

§ 2. *Droit de succession aux biens.* — L'article 8 de la loi de pluviôse règle cette importante question. « Si l'enfant décède avant sa sortie de l'hospice, son émancipation ou sa majorité et qu'aucun héritier ne se présente, ses biens appartiendront en propriété à l'hospice, lequel pourra être envoyé en possession à la requête du receveur et sur les conclusions du ministère public. » Cet article consacre une remarquable exception au principe de l'article 768 du Code civil qui, dans l'ordre des successions, appelle l'État après les parents. L'exposé des motifs nous en donne la raison : « Si l'enfant meurt sans héritiers.... l'hospice au lieu du fisc recueillera comme *indemnité* son héritage. »

Puisque l'attribution a lieu à titre d'indemnité, les éta-

1. Morgand (*Répertoire général d'admin. Enfants assist.*, n° 153).

blissements hospitaliers ne recueillent pas comme héritiers, quoique parfois le montant des biens soit supérieur à celui des dépenses occasionnées par l'enfant. Dès lors, ils ne sont pas tenus d'acquitter les droits de mutation par décès (1).

Nous avons vu que depuis 1869, c'est le Département qui supporte la plus grande parties des dépenses. La délation de la succession aux hospices n'a donc désormais plus de fondement et constituerait une anomalie. Aussi, en fait, les successions des enfants assistés sont-elles encaissées au profit du budget départemental. Cette attribution est conforme à l'esprit du législateur, même au cas où le montant de la succession dépasse le chiffre des frais ; il est juste, en effet, que le Département profite d'un avantage bien insuffisant pour compenser les nombreuses dépenses de nourriture et d'entretien nécessitées par les enfants qui ne remboursent jamais.

L'envoi en possession a lieu sur les conclusions du ministère public. Comme il s'agit d'une dérogation au droit commun et que les commissions pourraient négliger de rechercher et de prévenir la famille de l'enfant décédé, l'intervention du ministère public a pour but d'assurer l'accomplissement de toutes les mesures nécessaires pour que l'hospice puisse être valablement mis en possession.

L'article 8 ne dit pas si les autres formalités requises des successeurs irréguliers, le conjoint et l'État, doivent

1. Décision du ministre des finances, du 23 juin 1859 (Watteville).

être remplies. L'obligation d'apposer les scellés serait inutile et gênante, puisque les biens en valeurs ou en numéraires appartenant aux enfants, se trouvent dans la caisse hospitalière et que leur énumération figure sur des registres tenus avec la rigoureuse exactitude des comptabilités publiques. Quant à l'inventaire, il est facile : il suffit de relever sur les livres ce qui se trouve au compte du mineur défunt. En outre de ces formalités, le Code exige la publicité de la demande d'envoi en possession. Cette mesure est indispensable. Il faut bien, en effet, que la famille, si elle existe, puisse être avertie d'un décès qui lui vaut une succession.

Les héritiers qui se présentent depuis l'envoi en possession n'ont droit à la répétition des fruits que du jour de la demande. Si l'enfant décède avant sa sortie de l'hospice, son émancipation ou sa majorité, ils doivent, d'après l'article 9 indemniser l'hospice (lisons le département) des aliments fournis et des dépenses faites pour l'enfant décédé, sauf à faire entrer en compensation, jusqu'à due concurrence, les revenus perçus. Cette obligation est une leçon de morale. « Le remboursement, a dit le rapporteur, est exigé pour que le patrimoine des pauvres ne soit pas diminué et que les parents qui ont délaissé leur parent malheureux ne puissent pas jouir des biens qu'ils ont refusé d'administrer, ni succéder sans charge à celui qu'ils ont méconnu dans son abandon. »

Si l'enfant décède étant majeur, sa succession est régie d'après les principes généraux. Remarquons seulement que l'enfant trouvé n'ayant ni ascendants ni collatéraux ne peut avoir pour héritiers que ses descendants et à leur défaut, son conjoint et le fisc (1).

1. Cet enfant peut disposer de ses biens au profit de toute personne : il est libre de ne mettre aucun frein à ses libéralités quand il ne laisse pas de descendants.

CHAPITRE V

DE LA TUTELLE OFFICIEUSE DES ENFANTS ASSISTÉS

La tutelle officieuse a été introduite dans le but de faciliter l'adoption. En effet, celle-ci n'ayant lieu qu'à la majorité de l'adopté, et le décès de l'adoptant avant ce moment pouvant la rendre impossible, on a voulu en accorder le bénéfice aux mineurs et parmi eux surtout à ceux qui ont été abandonnés de leurs parents.

Un certain nombre des auteurs qui ont commenté ce chapitre du code déclarent que la tutelle officieuse semble destinée à prendre place parmi les utopies qui sont sorties de nos assemblées législatives. Nous croyons, néanmoins, cette remarque entachée d'exagération. Si la tutelle officieuse ne s'applique presque jamais aux enfants élevés par leurs parents, elle est encore, de temps en temps appliquée à ceux que recueille la charité publique ; et en admettant même, que par rapport à la masse de la population, les cas d'application en soient rares, l'avantage qu'elle possède d'améliorer la situation d'enfants si dignes d'intérêt, suffit pour justifier son maintien dans notre droit.

Le contrat est fait devant le juge de paix du domicile de l'enfant, c'est-à-dire du siège de l'hospice qui l'a recueilli. Le pupille doit avoir le consentement des administrateurs de l'hospice. Quant aux obligations qui naissent de la tutelle, nous renverrons au Code civil. Insistons seulement sur certains points non prévus et controversés.

Quels sont les droits que la commission administrative conserve sur la personne du pupille ? Les auteurs sont unanimes à reconnaître que sa garde et son éducation appartiennent au tuteur officieux. Il est naturel qu'il en soit ainsi, puisque ce dernier doit avoir le moyen de connaître et d'apprécier le caractère et les dispositions du pupille.

En ce qui touche le droit de correction, les avis sont partagés. Certains auteurs prétendent que le tuteur officieux en jouit désormais seul. Il se basent sur ces mots de l'article 364 : « elle emportera avec soi l'obligation de l'élever. » En contact continuel avec l'enfant, il est, disent-ils, mieux à même que tout autre de juger si des mesures de correction sont nécessaires. En outre, si on attribue au père le droit de correction concurremment avec le tuteur officieux, c'est ouvrir la porte aux conflits. En sens inverse on objecte le silence absolu de la loi sur ce point. Puisqu'elle n'enlève pas au père l'autorité conciliable avec la tutelle, il continue de la posséder. Un autre argument se tire de la cause qui pousse le père à donner son enfant à un tuteur officieux. En agissant ainsi, il n'a pas pour but de s'en débarrasser, d'abdiquer ses obligations envers lui. Ce qu'il veut, c'est le voir parvenir à une situation qu'il n'atteindrait jamais en restant dans sa famille. Par conséquent, comment supposer qu'il ait abdiqué la plus légère partie de son autorité sur lui (1)?» Ce motif est encore plus évident en ce qui concerne l'enfant assisté. Assurément, le partage de l'autorité est susceptible d'entraîner des conflits ; mais, ce n'est pas une raison parce qu'un principe peut avoir des conséquences fâcheuses pour le rejeter quand il s'impose. En réalité, appliqué à la commission administrative, le droit de correction en concours avec le tuteur officieux est plutôt théorique que pratique. Dans aucun cas elle ne l'exercera à l'encontre du tuteur et ne s'opposera à ce que celui-ci en fasse usage. Le contrat étant consenti par elle à la suite d'une enquête minutieuse, elle se repose complètement sur le dévouement de l'homme auquel elle a confié le sort du pupille. Nous admettrons de préférence ce système.

Quant à l'émancipation et au consentement au mariage, les auteurs sont unanimes à laisser ces droits au père : la commission administrative doit donc seule les exercer.

Lorsque le tuteur officieux meurt avant la majorité ou l'émancipation du pupille, la garde, l'éducation et l'administration des biens reviennent à l'hospice. Ce résultat a pourtant été contesté. Partant du principe que la tutelle officieuse ne laisse plus à la commission administrative aucun droit sur l'enfant, on raisonne ainsi : c'est l'intérêt de l'enfant qu'il faut principalement envisager, car la tutelle hospitalière ne tient pas à l'ordre public ou aux rapports essentiels de famille comme la tutelle ordinaire. Par suite, si son intérêt

1. Proudhon. — Duranton. — Aubry et Rau. — Demolombe.

exige qu'il ne retombe pas sous cette tutelle, ce qui arrive, par exemple, quand son tuteur officieux lui a légué une partie de ses biens et nommé un tuteur, la prétention de la commission administrative doit être repoussée (1). Ce raisonnement n'a qu'un défaut, c'est de manquer de base juridique. La commission, nous le répétons, est investie d'une paternité sociale. Or, au décès du tuteur officieux, les obligations que la loi lui avait déléguées, reviennent au père ; donc, elles font également retour à la commission. Ce principe n'a, du reste, rien d'inconciliable avec l'intérêt de l'enfant. Les commissions hospitalières donnent à celui-ci une éducation en rapport avec sa situation de fortune, veillent sur sa personne et administrent ses biens avec le dévouement et l'intégrité d'un tuteur irréprochable (2).

Nous complèterons notre démonstration en nous appuyant sur la loi de pluviôse elle-même. L'article 3 ne reconnaît que deux moyens de mettre fin à la tutelle : la majorité et l'émancipation. Le décret de 1811 y ajoute la réclamation par les parents. Mais, la tutelle officieuse n'ayant d'analogie avec aucun de ces trois modes, il n'est pas permis de suppléer au silence de la loi.

1. En ce sens, arrêt de la Cour d'Angers (26 juin 1844) : Dalloz, 44, 2, 155, et Répertoire, *Adoption et tutelle officieuse*, nos 239 et 240.

2. M. Demolombe admet que l'enfant retombe sous la tutelle hospitalière. Mais, d'après lui, ce principe n'est pas rigoureux. S'il est contraire à l'intérêt du mineur qu'il soit rangé de nouveau dans la classe des enfants abandonnés, on ne doit pas l'appliquer (*Minorité*, t. II, no 399).

CHAPITRE VI

DES ENFANTS ASSISTÉS DU DÉPARTEMENT DE LA SEINE

A Paris, l'administration des hôpitaux et hospices, au lieu d'être confiée aux lumières et au dévouement de plusieurs personnes réunies sous le nom de commission, appartient à un directeur en vertu de la loi du 10 janvier 1849. Le système de l'autorité remise entre les mains d'un seul a, pour plusieurs raisons, semblé préférable. « *Le directeur*, nous dit l'article 3, *a la tutelle des enfants trouvés, abandonnés ou orphelins.* » Mais, comment cette tutelle est-elle organisée ? Quelle est l'étendue des pouvoirs du directeur-tuteur ? Sur cette question, capitale cependant, la loi reste muette et le champ s'ouvre aux conjectures.

La loi de 1849 afin de tempérer, dans une certaine mesure, ce que son innovation pouvait contenir d'excessif, a placé à côté du directeur un *conseil* dont la mission consiste à donner son avis sur différents points énumérés dans l'article 5. On peut croire que l'intention du législateur a été d'accorder à ce conseil, en ce que touche la tutelle des enfants assistés les pouvoirs attribués par la loi de pluviôse aux commissions administratives. Ce système a pour résultat de placer le directeur-tuteur à peu près dans les mêmes conditions que le tuteur du droit commun. Seuls, les actes de pure administration seraient accomplis par lui sans aucune autorisation. Quant à ceux qui dépasseraient ces limites, l'intervention du *conseil de surveillance* et parfois l'homologation du tribunal seraient exigés.

Un autre système admet qu'en l'absence de toute restriction relative au gouvernement de la personne des enfants, le directeur a pleins pouvoirs, mais que pour l'administration des biens, il doit se conformer aux règles édictées par les lois du 7 *août* 1851 et 28 *pluviôse an VIII* sur le patrimoine des hospices. Cette théorie se base sur l'article 5 de la loi de pluviôse an XIII.

Ni l'une ni l'autre de ces deux doctrines n'est exacte. Nous avons déjà réfuté la seconde en parlant de la gestion exercée par les commissions administratives. Quant à la première qui fait du conseil de surveillance un conseil de tutelle, elle a contre elle un argument irréfutable. *La commission administrative* à laquelle on l'assimile *administre et agit parfois réglementairement* (l. du 7 août 1851, art. 8) ; *le conseil de surveillance donne simplement*, comme nous l'avons vu plus haut, *des avis* et n'intervient jamais pour fournir une autorisation indispensable. Il existe donc entre ces deux institutions une différence capitale. Si étrange que puisse paraître une assimilation qui méconnaît certainement la pensée du législateur de 1849, la loi du 27 février 1880 l'a consacrée en ce qui touche l'aliénation des valeurs mobilières : « Le conseil de surveillance de l'administration de l'assistance publique et les commissions administratives rempliront les fonctions attribuées au conseil de famille (art. 8)). » Mais, cette loi ne s'occupe que d'une hypothèse déterminée; elle n'a prétendu statuer sur aucun autre point; et, comme il est irrationnel, ainsi que nous venons de le démontrer, d'assimiler deux créations aussi essentiellement différentes, la question de savoir quelle est l'organisation de la tutelle, en dehors du cas prévu par la loi de 1880, subsiste tout entière.

Voici sur cette matière l'unique solution exacte. Avant 1849 l'administration des hospices de Paris était confiée à un conseil que secondait une commission à laquelle était dévolu un rôle subalterne (1). Jugeant la concentration des pouvoirs sur une seule tête profitable au bon fonctionnement des services, la loi du 10 février 1849 conféra à un Directeur les attributions que possédait avant lui le *Conseil général des hospices*. Or, à Paris ce Conseil général, comme en province les Commissions administratives, avait la tutelle des enfants assistés dans les limites de la loi de pluviôse an XIII; en d'autres termes, il était à la fois tuteur et conseil de famille. Puisque le directeur de l'assistance publique lui est complètement substitué, la logique nous oblige à reconnaître qu'il concentre dans sa personne les pouvoirs du tuteur ordinaire et ceux du conseil de famille. En conséquence, il peut valablement accomplir seul tous les actes autres que ceux pour lesquels

1. Arrêté des consuls du 27 nivôse, an IX (17 janvier 1801).

le code civil exige l'homologation du tribunal de première instance ; c'est-à-dire qu'en dehors des aliénations, hypothèques, emprunts et transactions il est juge souverain. Combien, par suite, faut-il regretter la malencontreuse idée du législateur de 1880 qui est venu jeter le désarroi dans une législation sinon irréprochable, du moins uniforme ! Ainsi, désormais, dans l'hypothèse de l'article 8 de la loi du 27 février 1880, le conseil de surveillance remplit les fonctions de conseil de famille ; dans tous les autres cas, au contraire, le Directeur agit sans son concours. Une pareille division n'est-elle pas absolument vicieuse ? Il fallait, ou réorganiser intégralement la tutelle, ou la laisser intacte : les demi-mesures ne sont jamais bonnes.

La loi de 1849, en dehors de la question que nous venons d'étudier, ne déroge pas à la loi de pluviôse et au décret de 1811. Aussi, applique-t-on aux enfants assistés du département de la Seine les règles de ces deux textes législatifs. La nécessité de les faire élever à la campagne, à des distances parfois considérables de la capitale, a amené la création d'agents spéciaux repartis, en province, dans diverses régions. Ils représentent le Directeur, chacun dans la circonscription qui lui est assignée, et en cette qualité choisissent les nourrices, les maîtres d'apprentissage, passent les contrats de placement, assurent leur exécution, surveillent les enfants et leur procurent tous les soins nécessaires. Cette organisation a toujours produit d'excellents résultats.

CHAPITRE VII

DES CONFLITS AUXQUELS DONNE LIEU LA LÉGISLATION QUI RÉGIT LES ENFANTS ASSISTÉS.

Le décret de 1811 qui appelait les commissions administratives à veiller sur l'éducation de leurs pupilles craignant qu'elles ne pussent, à cause de la dispersion des enfants, s'occuper d'une manière sérieuse de cette partie de leurs attributions, leur prescrivit de faire visiter au moins deux fois l'année chaque enfant soit par un *commissaire spécial*, soit par un *médecin vaccinateur* ou des *epidémies* (art. 14). Un certain nombre d'hospices négligèrent complètement l'obligation qui leur était imposée. Devant cette abstention, les départements prirent l'initiative de la création d'inspecteurs chargés de visiter les enfants chez leurs nourriciers ou leurs patrons. Le Gouvernement se montra favorable à cette mesure et par différentes circulaires en recommanda l'extension. *La loi du* 5 *mai* 1869 consacra définitivement l'institution des *inspecteurs* : l'Etat prit à sa charge toutes leurs dépenses. Choisis d'abord par le Préfet, ils furent plus tard nommés directement par le Ministre de l'Intérieur. La même loi de 1869, dans le but d'exonérer les hospices de toutes les dépenses des enfants assistés, les mit, pour la majeure partie, aux frais du département.

Mais, l'Etat payant les frais d'inspection et de surveillance voulut que ses inspecteurs jouassent dans le service un rôle prédominant et prétendit, sinon les substituer comme tuteurs aux commissions administratives, du moins leur attribuer une part dans la tutelle. La loi de 1869 amena donc une rivalité entre l'inspection et les hospices. La part que l'Etat prétendit devoir revenir à l'inspecteur dans la tutelle des enfants est ainsi définie dans la circulaire du 3 août 1869 : « La tutelle demeure confiée quant à présent aux commissions, mais..... l'inspecteur doit être plus étroitement associé à l'exercice de cette tutelle. »

La théorie soutenue par la circulaire est-elle bien exacte? Et, d'abord, qu'est-ce qu'un inspecteur, sinon un agent chargé de s'assurer de l'exécution des obligations imposées à certaines personnes et d'en rendre compte à l'autorité supérieure? La mission de l'inspecteur des enfants assistés consiste, par suite, à visiter les pupilles chez leurs nourriciers et patrons, à veiller à ce que ceux-ci tiennent fidèlement leurs engagements et à donner des avis sur les réformes que l'expérience acquise dans leurs tournées leur permet de juger utiles au bon fonctionnement du service. En un mot l'inspecteur doit contrôler et non administrer.

Malgré cette définition logique du rôle de l'inspecteur, si la loi de 1869 était venue lui accorder, soit expressément soit implicitement, des attributions tutélaires ; si, modifiant la loi de pluviôse et le décret de 1881, elle en avait fait l'associé de la commission, comme l'affirme la circulaire, l'objection serait sans force en présence des textes ; mais il est impossible de trouver dans la loi de 1869 la justification des prétentions de l'État. *Cette loi s'occupe exclusivement de la partie financière du service des enfants assistés* et laisse de côté tout ce qui regarde le gouvernement de leur personne et de leurs biens. En déclarant que l'État supporte les frais de surveillance et d'inspection, son but est de ne pas trop grever le Département obligé déjà de supporter la plus forte part dans les dépenses (1). Si l'attention du législateur avait été d'attribuer aux inspecteurs des fonctions qu'ils n'avaient jamais exercées jusqu'alors et qui semblent inconciliables avec l'idée que leur qualification fait naître dans l'esprit, est-il possible d'admettre que ni dans les travaux préparatoires, ni dans la loi elle-même il n'en ait été question? La législation antérieure reste donc intacte et les prétentions des inspecteurs doivent être écartées comme absolument contraires à la légalité,

Quand au Département, la loi du 18 juillet 1866 disait déjà : « Les conseils généraux statuent définitivement sur le service des enfants assistés. » La loi du 10 août 1871 confirma purement et simplement cette disposition. En mettant à la charge du Département la majeure partie des dépenses et en laissant de côté toute question d'attribution, la loi de 1869 n'a fait que rendre plus évident le droit des conseils généraux d'intervenir activement et souverainement dans les différentes parties du service. N'est-il pas juste, en effet, que la personne qui paie réglemente la dé-

1. L'État supporte, en outre, le 1/5 des dépenses intérieures; les communes ont à leur charge le 1/5 des dépenses extérieures.

pensé et s'immisce dans les détails de l'administration? Le droit qu'ont les conseils généraux de s'occuper sans aucune intervention étrangère du service lui-même est donc indéniable : frais de séjour des enfants à l'hospice, pensions, indemnités, frais d'école, de médecin (etc), ils règlent par leurs délibérations toutes les questions relatives à ces divers points. Mais, quoiqu'ils soutiennent la thèse contraire, leur droit s'arrête là, et dès qu'il s'agit de la personne et des biens des enfants, dès qu'il s'agit d'exercer sur eux les droit de la puissance paternelle et d'administrer leur petite fortune, ils doivent rester étrangers à des attributions que seules, les commissions hospitalières ont à remplir : la loi de pluviôse et le décret de 1811 n'ayant pas été abrogés.

Malheureusement, presque partout les commissions ont été dépouillées de leur autorité et de leur initiative. Bien qu'ayant tous les droits, elle n'ont en fait aucun moyen d'action. L'inspection qui a les moyens d'action sans aucun droit s'arroge les pouvoirs les plus étendus et règle seule tous les détails du service. Il serait à souhaiter qu'on réagit contre une omnipotence si peu fondée (1) !

Dans le département de la Seine le conseil général se prononça nettement pour que le rôle de chacun fût exactement délimité : « que l'administration administre et que l'inspection inspecte », telle est la décision constante du conseil (2).

1. Certains départements résistent cependant avec énergie contre les prétentions des inspecteurs. (*Voir le procès verbal des délibérations du conseil général de la Côte-d'Or. — 2e session ordinaire de* 1876).

2. Rapports du Dr Thulié. — *Session de* 1878 *et années suivantes.*

CHAPITRE VIII

DES RÉFORMES A INTRODUIRE DANS LA LÉGISLATION QUI ORGANISE LA CONDITION DES ENFANTS ASSISTÉS

Après avoir consacré d'assez longs développements à l'étude de la condition des enfants assistés, il nous sera facile d'apprécier la valeur de la législation qui les régit. Nous avons eu maintes fois l'occasion de constater son insuffisance. Un certain nombre de ses prescriptions sont, en outre, les unes surannées, les autres trop rigoureuses. Ces défauts que la pratique de longues années a rendus encore plus palpables ont fortement ému l'opinion publique. Aussi à différentes reprises, le Parlement a-t-il été saisi de projets entraînant une réorganisation complète de la législation en vigueur. Ces projets n'ont pas abouti pour différents motifs au nombre desquels figurent les évènements politiques.

Parmi les dispositions que nous avons examinées, les unes, avons-nous dit, sont tombées en désuétude : Nous citerons le droit accordé au ministre de la marine de disposer des enfants mâles à partir de leur douzième année, l'obligation imposée aux hospices de placer les capitaux au Mont de Piété. D'autres par une réserve ou une rigueur excessives ont compromis l'avenir des enfants : telles sont, la défense de stipuler aucune somme en leur faveur dans les contrats d'apprentissage et la posssibilité d'engager leurs services jusqu'à l'âge de vingt-cinq ans. La pratique avec une équité et un libéralisme qu'on ne saurait trop approuver laisse dormir ces prescriptions et ne suit, comme guide, dans ces différents cas que sa sollicitude envers l'enfant. Il y a néanmoins urgence à les abroger et à les remplacer par les sages principes qui ont toujours guidé les commissions administratives en province et l'Assistance publique à Paris.

Nous avons constaté de nombreuses lacunes. En ce qui touche la puissance paternelle, il eut été utile d'accorder, dans certains cas, aux commissions des pouvoirs plus étendus qu'au père. Sur la tutelle officieuse, des questions se posent que la loi ne résout pas. Si l'enfant déjà grandi, devenu laborieux et honnête est réclamé par une mère notoirement débauchée, aucun texte n'autorise l'hospice à refuser de le livrer. De même rien n'indique l'étendue du droit de réclamation.

L'œuvre de réforme devrait-elle s'arrêter là ? Le choix des commissions administratives comme tutrices fait l'objet de critiques jusqu'à un certain point fondées. Les personnes qui se sont occupées de la question reconnaissent unanimement que malgré leur bon vouloir les commissions ne peuvent suffire à leurs devoirs envers les enfants. Comment leur serait-il possible de les surveiller activement, puisqu'ils sont dispersés dans la campagne, souvent bien loin de l'hospice ? Comment s'assurer des soins qu'ils reçoivent, de l'exécution fidèle de leurs contrats de placement ? Ce qui rend encore plus sensible cette impossibilité matérielle, c'est que les commissions doivent consacrer une forte partie de leur temps aux malades et aux vieillards de l'hospice, c'est qu'enfin chacun de ses membres a des intérêts privés dont il doit également s'occuper. Sans doute, les inspecteurs créés dans les départements éclairent par leurs rapports les commissions sur la situation des pupilles ; mais nous avouons que cette garantie nous paraît encore bien insuffisante. Les enfants sont si nombreux et les tournées des inspecteurs relativement si rares !

A différentes époques des projets de réforme sont sortis de l'initiative privée et de l'initiative parlementaire. Mais, dans les moyens proposés régnait une grande diversité d'opinions. Ce qui caractérisait la plupart des projets c'était le nombre assez considérable des agents qu'ils faisaient intervenir, agents répartis en commissions, sous-commissions, et comités. Tous composaient le conseil de tutelle de personnages revêtus de fonctions importantes ou exerçant des occupations actives qui laissent aux uns et aux autres trop peu de loisirs pour s'acquitter consciencieusement d'une semblable mission. Le préfet représentant l'Etat était tuteur public.

Les lois du 18 *juillet* 1866, 5 *mai* 1869 et 10 *août* 1871 sont venues fournir un argument nouveau aux adversaires des commissions hospitalières. Le Département ayant la direction du service des enfants assistés et supportant presque toutes les dépenses, il semble irrationnel de laisser plus longtemps la tutelle aux hospices. Comme dans les projets dont nous venons de parler, on propose de donner les fonctions de tuteur au préfet. Cette idée ne nous semble pas pratique. Veut-on faire du préfet un tuteur purement honoraire, d'autres sous le titre de délégués du préfet étant tuteurs effectifs? Où serait l'utilité réelle de l'innovation? Si, au contraire, on désire qu'il joue effectivement ce rôle, croit-on qu'il pourra trouver, au milieu des occupations nombreuses de l'administration, le temps suffisant pour exercer convenablement la tutelle?

A notre avis l'attribution de la tutelle aux commissions administratives n'a rien d'inconciliable avec les droits du Département et nous sommes convaincus que sans bouleverser l'organisation actuelle, mais simplement en la complétant, on arriverait aux meilleurs résultats (1). Les membres des commissions administratives habitués, à consacrer leur temps au service des malades et des vieillards, sont assurément les personnes les plus aptes, par leur caractère et leurs sentiments, aux fonctions que leur a dévolues la loi de pluviôse. En outre, comme on l'a justement fait remarquer, ayant reçu les enfants au moment de leur abandon et pourvu à leurs premiers besoins, ils doivent, par cela seul, attacher plus de prix que qui que ce soit à leur avenir (2). Nous admettons donc qu'en principe, sans porter atteinte au droit du

1. Les projets émanés du conseil d'Etat en 1851 et 1853 confirment, quant au principe, la législation de 1805 et de 1811.

2. Dumont, *Rapport à la commission départementale de Paris le 27 décembre* 1848.

Département de s'ingérer dans les détails du service; les commissions hospitalières doivent conserver la tutelle. Mais, pour que les intérêts matériels et moraux du pupille ne fussent pas compromis, il faudrait qu'elles pussent déléguer la tutelle non pas seulement à l'hospice le plus voisin de la résidence de l'enfant, mais à tous les hommes de bien sur le dévouement desquels on pourrait compter. Ceux-ci s'assureraient que les enfants reçoivent tous les soins auxquels ils ont droit, passeraient les contrats d'apprentissage, les feraient exécuter, surveilleraient la conduite de leurs pupilles et exerceraient contre eux, au besoin, le droit de correction. L'inspection départementale par son contrôle servirait de complément à ce système de protection. Quant à l'administration des biens, le principe en est bon et nous ne pensons pas qu'il y ait lieu de le modifier.

Nous avons parlé précédemment de la situation bizarre faite au Directeur de l'Assistance publique à Paris par la loi de 1880. Cet état de choses ne peut raisonnablement pas être maintenu et l'article 8 appelle une modification. Mais, l'intérêt des enfants exige que le directeur conserve la tutelle et que, sous l'autorité du préfet de la Seine, l'administration hospitalière, à la tête de laquelle il est placé, continue à s'occuper du fonctionnement du service. Puisque, grâce au zèle et à l'esprit éclairé de ceux qui dirigent ce service, il est, à bon droit cité comme un modèle, pourquoi changer une organisation aussi satisfaisante? Les agents répandus en province veillent, en général, avec le plus grand soin sur les intérêts des enfants et rendent ainsi moins nécessaire la délégation de la tutelle. Nous croyons, néanmoins que cette innovation produirait d'heureux résultats.

TROISIÈME PARTIE

Du projet de loi sur la protection des enfants abandonnés, délaissés ou maltraités.

DES CAUSES QUI ONT PROVOQUÉ L'INITIATIVE DE CETTE LOI.

Dans la seconde partie de ce travail, nous avons fait remarquer (1) qu'en vertu d'une Instruction de 1823, aucun enfant n'est admis à l'hospice s'il a atteint sa douzième année. Il en résulte que si la charité privée ne donne pas aux orphelins et aux abandonnés qui ont dépassé cette limite d'âge les soins dont ils sont privés, ils se trouvent sans aucune ressource, exposés à toutes les tentations de la misère et deviennent promptement un danger pour la société.

A côté de ces malheureux sans parents ni amis, il est d'autres enfants dont le sort n'est pas moins digne d'intérêt. Ces derniers ont un père et une mère ou l'un d'eux, mais loin d'en recevoir la protection qui leur est due, ils en sont délaissés et souvent maltraités. Délaissés, c'est-à-dire livrés à eux-mêmes sans guide, sans éducation, ils passent

1. Page 94, note.

leurs jours dans le vagabondage, mendiant pour vivre quand ils ne le font pas pour obéir à l'ordre de parents qui les exploitent. Maltraités, ils sont dans leur famille l'objet de sévices qui compromettent leur santé et parfois leur vie, assistent au foyer paternel, véritable école d'immoralité, à des spectacles d'ivrognerie et de débauche qui produisent sur leur jeune âme impressionnable de funestes ravages.

Il est inutile d'insister pour démontrer à quel point la société est tenue d'assurer la protection de ces enfants, en se substituant même, s'il le faut, au père lorsqu'il méconnaît les nobles devoirs que lui imposent la nature et la loi. L'obligation faite aux représentants de la société de maintenir l'ordre public, leur commande impérieusement de veiller à la préservation morale de ces enfants en les arrachant à des influences qui les poussent fatalement dans la voie des délits et des crimes.

Nous sommes obligés pourtant de constater que la législation en vigueur ne règle pas leur sort d'une manière bien satisfaisante. En effet, quand des enfants sont arrêtés pour vagabondage ou mendicité, l'article 66 du Code pénal autorise le tribunal à les envoyer dans une maison de correction pendant un temps qui ne peut excéder l'époque de leur vingtième année. La façon dont ce système d'internement est pratiqué provoque de nombreuses critiques et est considéré comme peu favorable à l'amélioration et même à la préservation des enfants (1). Le tribunal peut aussi,

1. Voir la loi du 12 août 1850 sur l'*Éducation et le patronage des*

s'il le juge préférable, les remettre à leurs parents. Mais, bien souvent pour leur éviter les conséquences d'une poursuite, le parquet ne maintient pas leur arrestation et les rend immédiatement à leur famille. « Cette indulgence, dit M. d'Haussonville dans ses *Études sur le vagabondage des enfants*, n'a en réalité qu'un seul effet : permettre au petit mendiant de prendre l'habitude du vagabondage et de faire son apprentissage du vol à la tire. »

Ce n'est pas tout. Non-seulement la protection de la société est, à l'égard de ces malheureux nulle ou peu efficace, mais en outre la loi pénale fait preuve envers eux d'une sévérité excessive en décidant qu'ils peuvent être frappés de la pénalité la plus grave pour leur avenir : la surveillance de la haute police (1). Sans doute, la plupart des magistrats considèrent cette prescription comme une monstruosité judiciaire et refusent d'y recourir. On en voit cependant quelquefois encore des exemples, et l'éventualité de son application se présentera toujours tant qu'elle n'aura pas été l'objet d'une abrogation formelle.

Quand le délaissement dans lequel l'enfant vit n'a pas pour origine le décès ou l'absence de ses parents mais provient de leur *indignité*, quand cet enfant est en butte aux mauvais traitements de son père, du moins la loi attaquant le mal dans ses sources, assure-t-elle sa préservation soit en enlevant au père les attributs de sa puissance, soit en

jeunes détenus, et pour l'appréciation de la loi, Ortolan, *Éléments de droit pénal*, t. 2, nº 1542.

1. Art. 67 et 271 du Code pénal.

la réglementant dans la mesure où l'intérêt de l'enfant le réclame ?

La loi attribue au père sur la personne et les biens de ses enfants des droits qui ont pour corollaire l'obligation de les nourrir, de les entretenir et de les élever. Or, par une exception contraire à la justice, s'il manque à tous ses devoirs, aucune déchéance ne peut, en règle générale, être prononcée contre lui. Il n'existe que trois hypothèses où il encoure cette pénalité : 1° Quand il s'est rendu coupable envers eux du crime d'excitation à la débauche (art. 335 C. pén.) ; 2° quand il les livre gratuitement ou à prix d'argent à des acrobates, saltimbanques, charlatans, vagabonds ou mendiants ; 3° quand il les emploie à la mendicité habituelle (l. du 7 décembre 1874, art. 2 et 3). En dehors de ces cas exceptionnels, aucun texte de loi ne permet d'enlever au père tout ou partie de ses droits.

Faut-il en conclure que les tribunaux sont désarmés et, par conséquent impuissants à protéger l'enfant ? S'il en était ainsi la puissance paternelle serait organisée plutôt dans l'intérêt du père que dans celui de l'enfant et se trouverait en contradiction avec le droit naturel d'où elle dérive (1).

Quel est sur ce point l'esprit du législateur ? Les auteurs sont en grande majorité d'accord pour affirmer que les tribunaux jouissent d'un pouvoir réglementaire en ce qui concerne la puissance paternelle, et tel est aussi notre avis. Dans notre ancienne jurisprudence ce pouvoir était reconnu

1. Pufendorf, *Des devoirs de l'homme et du citoyen, II, ch. III*, Burlamaqui, *Eléments du droit naturel ; ch. XIV*.

et exercé ; en outre, les rédacteurs du Code avaient eu le projet de l'accorder aux tribunaux par un texte spécial. La question ajournée comme portant sur un détail, ne fut pas reprise dans la suite ; mais la volonté de la part des rédacteurs du Code de soumettre la puissance paternelle à une réglementation est néanmoins certaine. La jurisprudence est, du reste, d'accord avec la doctrine. L'arrêt le plus récent de la Cour de cassation sur ce point contient le considérant suivant : « Attendu que *la puissance paternelle établie surtout dans l'intérêt de l'enfant* n'est pas absolue, qu'il appartient aux tribunaux d'en restreindre l'exercice quand matériellement ou moralement cet intérêt est en péril (1). » Cette réglementation n'est pas, à proprement parler une déchéance, une destitution ; et il ne faudrait pas, comme le fait M. Demolombe, chercher un argument d'analogie dans l'article 444 du Code civil, sur la destitution des tuteurs. « La raison exige, dit cet éminent jurisconsulte, qu'on étende l'article 444 par une sorte d'application utile au père même pendant le mariage (2). » Cette théorie a contre elle un argument péremptoire : les déchéances, les peines ne peuvent être étendues par interprétation à des cas non expressément prévus (3).

Qui a le droit d'intenter l'action ? Pendant le mariage la mère est associée à la puissance paternelle, elle joue pour

1. Arrêt Cherandier de Valdrôme. Dalloz, 79. 1. 223.
2. T. VI, nº 367.
3. Laurent, t. IV, nº 291.

ainsi dire, le rôle de subrogé-tuteur, elle peut donc saisir les tribunaux. Il faut reconnaître le même pouvoir au conseil de famille réuni sur la convocation des parents et alliés comme cela se passait autrefois, ou par le juge de paix. Quant au ministère public, il nous semble qu'en l'absence de toute mention à ce sujet dans l'énumération limitative du cas où il peut, en matière civile, intervenir d'office, il n'a pas le droit d'agir.

Quoi qu'il en soit, l'ignorance, l'insouciance ou la crainte chez les parents, la subordination à son mari chez la femme, l'incertitude de ses droits chez le juge de paix, ont cette conséquence que jamais en fait les tribunaux n'ont à statuer par décision principale sur une pareille demande. Ce pouvoir réglementaire, malgré la nécessité d'une application fréquente, reste donc presque exclusivement dans le domaine de la théorie, d'où il suit que les enfants délaissés et maltraités ne sont le plus souvent l'objet d'aucune protection.

Le nombre de plus en plus grand des crimes commis par de tout jeunes gens, inquiète vivement depuis quelques années l'opinion publique. On a fini par comprendre que l'insuffisance de la législation protectrice de l'enfance n'était pas étrangère à une perversion aussi précoce et aussi dangereuse. Le gouvernement s'en est ému. En 1881, prenant l'initiative d'une loi destinée à enrayer le mal, il nommait une commission extra-parlementaire chargée d'examiner la question et de rédiger un projet de loi. Elle se subdivisa en trois sous-commissions. Vers la même époque, quelques sénateurs, entre autres M. Roussel, soulevaient également cette question dans les réunions de la *Société générale des prisons* et formulaient de leur côté une proposition de loi.

Plus tard, les deux projets étaient fondus en un seul. A l'heure actuelle sa discussion étant commencée devant la haute assemblée, nous allons examiner ses principales dispositions, en tenant compte de quelques modifications déjà introduites dans la première délibération.

Intitulé : *Proposition de loi ayant pour objet la protection des enfants abandonnés, délaissés et maltraités*, il embrasse dans ses termes non-seulement les catégories d'enfants dont nous avons parlé, mais encore ceux qui sont confiés par leur famille à la charité publique et privée et, innovation moins explicable, ceux qui sont déjà susceptibles d'être recueillis dans les hospices en vertu de la loi de pluviôse et du décret de 1811. Il est divisé en cinq titres. Le premier contient les *définitions* des enfants auxquels il s'applique et fait connaître les *mesures* proposées pour leur *placement*, leur *garde*, leur *éducation* et leur *patronage*. Le second concerne la *protection des mineurs* en cas d'*incapacité* de leurs parents ou tuteurs ou d'*impossibilité* pour eux de remplir leurs devoirs de *surveillance* ou d'*éducation*. Le troisième a pour objet la *déchéance de la puissance paternelle* contre les parents indignes. Le quatrième règle la *tutelle* des enfants. Le dernier renferme des *dispositions générales* sur l'exécution de la loi, prévoit et réglemente certains cas particuliers et organise la répartition des dépenses du service. Nous laisserons ce dernier titre de côté comme secondaire.

Pour la clarté de nos explications nous étudierons d'abord les titres 2 et 3 qui tranchent l'un et l'autre d'importantes questions de droit, puis nous grouperons dans un même chapitre les mesures de protection des titres 1 et 4.

CHAPITRE I

DU DESSAISISSEMENT DES DROITS DES PARENTS OU TUTEURS EN CAS D'INCAPACITÉ OU D'IMPOSSIBILITÉ POUR EUX DE REMPLIR LEURS DEVOIRS DE SURVEILLANCE ET D'ÉDUCATION.

Les enfants dont les père et mère sont indignes ou incapables physiquement ou intellectuellement de remplir leurs devoirs de surveillance et d'éducation ne sont pas tous au rang des délaissés, vagabonds ou mendiants, que nous avons signalés plus haut. La charité privée qui, autant que possible, ne laisse aucun genre d'infortune en dehors de sa protection, en reçoit un grand nombre dans ses établissements. De son côté l'assistance publique à Paris toujours à la recherche d'innovations généreuses a créé pour eux un service nouveau et ouvert des écoles déjà florissantes. Malheureusement, il manque aux bienfaiteurs de ces enfants, pour que leur action puisse avoir toute l'efficacité voulue, le droit de les conserver malgré la réclamation des parents, tout le temps nécessaire à leur éducation, c'est-à-dire au besoin jusqu'à leur majorité. En effet, les père et mère ayant disposé librement de l'enfant et aucune déchéance ou destitution n'ayant été prononcée contre eux, ils conservent l'intégrité de leurs droits et les établissements charitables n'en acquièrent aucun. Le résultat de cette situation se devine aisément. Tant que l'enfant nécessite des soins physiques et moraux particuliers, tant qu'il est une charge, les parents se gardent bien d'user des droits que la loi leur attribue ; mais, dès qu'ils jugent son éducation professionnelle suffisamment avancée, quand il doit être pour eux une source de profits, ils se présentent et le réclament. Les personnes placées à la tête des établissements de charité, malgré la conviction où elles peuvent être que l'enfant pénètrera dans un milieu corrupteur où il perdra promptement le fruit de sa bonne éducation, sont obligées de céder devant la perspective d'une lutte dont l'issue ne saurait être douteuse.

Afin d'arrêter les réclamations, elles ont imaginé de faire signer aux parents un contrat aux termes duquel ils s'engagent, le jour où ils voudront exercer leurs droits, à restituer toutes les dépenses effectuées pour l'enfant. Ce système a été emprunté à une grande association d'assistance de *New-York*, le *Juvenile asylum*. Mais, on ne peut se dissimuler que si une semblable transaction est valable aux États-Unis où l'exercice de la puissance paternelle a été, au cas qui nous occupe, limité dans une mesure compatible avec l'intérêt de l'enfant, elle n'a chez nous, dans l'état actuel de la législation, aucune valeur légale. La deuxième sous-commission gouvernementale a prévu la situation ; mais, quand il s'est agi de trouver, pour sauvegarder l'enfant, un moyen qui fût en harmonie avec les principes généraux de notre droit, l'embarras fut très grand. La loi peut-elle ratifier l'abdication par les parents, pour un temps déterminé et sous certaines conditions des attributs de leur puissance? Leur permettre cette cession volontaire qui a quelque chose de contre nature, serait reconnaître que les droits sur la personne peuvent faire l'objet d'une transaction. Or, cette idée est en opposition avec le principe écrit au frontispice de notre Code civil : « On ne peut déroger par des conventions particulières aux lois qui intéressent l'ordre public et les bonnes mœurs. » (art. 6).

Nous ne parlerons pas des théories, toutes plus ou moins subtiles, imaginées pour donner une base au dessaisissement. La deuxième sous-commission admit pourtant le principe d'un contrat entre les père et mère et les particuliers, associations de bienfaisance, administrations d'assistance publique; mais pour être valable, ce contrat dut être soumis à l'approbation du juge de paix du domicile des père et mère, en vertu du principe qui accorde aux magistrats le pouvoir de réglementer la puissance paternelle, et aussi afin de rendre plus difficiles les abus qui pourraient se dissimuler derrière une apparence de charité. Ce système nous paraît mal conçu. Un contrat même subordonné à la ratification postérieure d'un magistrat, par lequel un père cède, pour un temps, tout ou partie des droits que la loi lui accorde sur son enfant, n'en est pas moins une convention *particulière* portant sur des choses *extra commercium* et cette idée seule est trop contraire au principe de l'article 6 pour être de bonne législation. Le rapporteur de la deuxième sous-commission (*M. Gonse*) s'appuyait, pour soutenir la correction du procédé, sur la faculté reconnue au père par le Code civil de consentir, sous la garantie de l'intervention judiciaire, à la cession de certains attributs de sa puissance, en faveur d'une tierce personne, ce qui se présente dans la tutelle officieuse et l'adoption (1). Mais, il ne remarquait pas qu'entre le moyen proposé et le moyen imaginé par le Code pour transmettre à l'adoptant ou au tuteur officieux les attributions du père, il existe une différence essentielle. Le Code ne permet nulle part une convention entre particuliers sur les droits de la puissance paternelle, en dehors de l'intervention du juge. Dans les deux cas invoqués, le contrat se forme *uno contextu* devant le juge de paix lui-même qui seul a qualité pour dresser acte des consentements réciproques. Si la sous-commission avait organisé une procédure semblable, aucune critique n'aurait été soulevée, les principes étant sauvegardés.

L'économie générale du projet définitif a inspiré à la commission sénatoriale un autre système beaucoup plus satisfaisant. Les enfants abandonnés, délaissés ou maltraités étant, en vertu de l'article 1, placés sous la protection de l'autorité publique qui joue ainsi un rôle prédominant, « c'est elle, dit *M. Roussel* dans son rapport, et non le père dessaisi, qui aura qualité pour conférer à un orphelinat ou à un particulier un titre légal ; c'est envers elle que le représentant de l'assistance ou de la charité sera res-

1. Voir le rapport de M. Roussel, page 103.

ponsable et aura à contracter des engagements ; on ne trouve plus dans ces conditions nouvelles les éléments juridiques d'un contrat » (p. 106).

Les père, mère ou tuteur, comparaissent devant le juge de paix et font une déclaration écrite des causes ou circonstances qui les empêchent d'accomplir leurs devoirs. Le représentant autorisé de l'administration d'assistance ou le particulier qui consent à se charger du mineur déclarent également par écrit se soumettre aux conditions fixées par l'autorité publique pour le placement, la garde, l'éducation et la tutelle du mineur (art. 17). Acte est dressé de ces déclarations et dans la quinzaine le juge de paix fournit une autorisation dont l'effet est de dessaisir jusqu'à la majorité de l'enfant les père, mère ou tuteur des droits de garde, d'éducation, de correction, de gestion du pécule et du droit de consentir à son engagement volontaire dans l'armée (art. 18).

Que deviendra l'enfant si le bienfaiteur vient à mourir, est atteint d'une maladie incurable, si on découvre que le particulier ou l'établissement de bienfaisance n'a d'autre but que de l'exploiter ? Qui prendra l'initiative de le retirer ? Ces questions rentrent dans les mesures générales de protection que nous étudierons plus loin. Disons seulement que si cela est nécessaire, l'enfant peut être retiré et confié à d'autres, à moins de décision contraire du tribunal.

L'intervention du père sera-t-elle exigée en cas de transfèrement des droits d'une personne à une autre ? Le projet ne s'en explique pas ; mais, la négative est incontestable.

Comme nous l'avons vu, le père ne cède pas ses droits, il déclare simplement ne pouvoir les exercer et le juge de paix l'en désinvestit. Le dessaisissement du père est pur et simple et non subordonné à la condition résolutoire de la destitution du particulier ou de l'établissement. Toutefois, il a le droit, ainsi que la mère, les autres ascendants ou parents, le tuteur et le procureur de la République, de faire opposition à la décision en vertu de laquelle l'enfant est placé par l'autorité publique. Si les causes qui l'empêchaient de le garder ont disparu, il pourra en tout temps s'adresser au tribunal de la résidence du mineur, par voie de requête et obtenir qu'il lui soit remis (art. 16).

CHAPITRE II

DE LA PROTECTION DES MINEURS EN CAS D'INDIGNITÉ DE LEURS PARENTS, OU DE LA DÉCHÉANCE DE LA PUISSANCE PATERNELLE

Pour arracher les enfants à l'influence pernicieuse de leurs parents indignes, les rédacteurs du projet n'hésitent pas à frapper ces derniers de la déchéance de leur puissance, pénalité qui a été récemment l'objet d'une vive discussion devant le parlement et que, pour notre part nous approuvons hautement, l'intérêt de l'enfant devant primer toute autre considération (1). Le titre III nous fait connaître les cas qui y donnent lieu *de plein droit,* ceux où elle est prononcée *facultativement,* les personnes investies du droit de l'intenter, la procédure à suivre, enfin le sort réservé à l'enfant provisoirement pendant la poursuite et définitivement après la condamnation.

La déchéance a lieu de plano si les père et mère sont

1. Dans la séance du 26 mai, parmi d'autres objections contre cette déchéance, on a observé qu'il s'agit d'un droit naturel, d'un droit sacré que l'on doit respecter. A notre avis, c'est précisément faire preuve de respect envers l'autorité paternelle, c'est la purifier et l'élever aux yeux de tous, que de l'enlever à des misérables qui la profanent et la souillent en corrompant les pauvres enfants qu'ils ont mission de protéger et d'élever (Voir le discours de *M. Bardoux*).

condamnés par application de l'article 334 § 2 du Code pénal et s'ils sont condamnés en récidive, soit comme auteurs, coauteurs ou complices de crimes ou délits commis sur la personne de leurs enfants, soit comme auteurs ou complices d'un crime commis par un ou plusieurs de leurs enfants. La commission gouvernementale, dont les théories sur cette matière ont passé presque sans modification dans le projet définitif, a pris pour base l'article 335 du Code pénal et s'est contentée d'en étendre les dispositions. « En cherchant dans cet article un précédent justifiant la déchéance à infliger au père, dit *M. Pradines* (1), la commission a trouvé un principe qui permet de compléter notre loi civile sans en troubler l'économie. »

Remarquons, cependant, les importants progrès réalisés sur cet article. Par une anomalie qu'ont signalée tous les commentateurs, il n'enlève au père coupable ses droits que sur celui de ses enfants qui a été l'objet de ses entreprises criminelles. Le projet frappe de déchéance les parents indignes à l'égard de tous leurs enfants, supposant avec raison, que ceux-ci pouvant être un jour ou l'autre victimes des mêmes agissements, ont également besoin d'être protégés. En outre, l'article 335 est incomplet : il dépouille le père des seuls droits qui sont mentionnés au titre 9 du Code civil et ne parle pas de ceux qu'il possède aux titres du mariage, de l'émancipation, de l'adoption, de la tutelle (etc.). Le projet mieux inspiré déclare qu'il s'a-

1. Dans son rapport au nom de la première sous-commission gouvernementale.

git de tous les droits et notamment de ceux dont il donne l'énumération (1). Toutefois, il ne frappe le père qu'à la seconde condamnation, même s'il s'est livré à des attentats honteux contre ses propres enfants. A notre avis, c'est user envers lui de trop de ménagements. N'est-ce pas, en effet, sérieusement exposer les enfants que de les laisser au pouvoir de leur père après une condamnation pour un fait de cette nature.

La déchéance facultative est encourue dans deux situations distinctes : 1° Pour certains crimes ou délits qui, malgré leur gravité peuvent néanmoins laisser au cœur du père coupable des sentiments conformes à la nature (2) ; 2° En dehors de toute condamnation, c'est-à-dire sur une simple constatation des faits, quand les agissements préjudiciables à l'enfant consistent dans des actes attestant l'indignité habituelle du père, ce qui se présente quand l'enfant trouve au foyer domestique de funestes spectacles ou s'adonne au vagabondage ou à la mendicité par suite de l'incurie de ses parents. Les rédacteurs du projet, toujours dans le but de ne pas nuire à l'har-

1. Droits énoncés aux art. 108, 141, 148. 151, 346, 372 à 387, 389, 390, 391, 397, 477 du Code civil, art. 3 du décret du 22 février 1851 et 46 de la loi du 27 juillet 1872 (art. 20).

2. Condamnation pour crime autre que ceux prévus par les art. 86 à 101 du Code pénal ; condamnation pour la seconde fois pour vol, abus de confiance, escroquerie, adultère, entretien d'une concubine au domicile conjugal, excitation habituelle des mineurs à la débauche, outrage public à la pudeur ou aux bonnes mœurs, séquestration, suppression, exposition ou abandon d'enfants, mendicité, vagabondage ; condamnation dans les termes de l'art. 2, § 2 de la loi du 23 janvier 1873 (art. 21).

monie de notre législation sur les personnes se sont inspirés de l'article 444 du Code civil et ont étendu au père et à la mère l'exclusion appliquée par cet article au tuteur d'une inconduite notoire ou dont la gestion atteste l'incapacité ou l'infidélité.

C'est la consécration légale de la doctrine défendue par M. *Demolombe*. « L'exercice des mêmes droits peut être retiré ou simplement suspendu pour une durée de un à cinq ans, dit le projet, en dehors de toute condamnation à l'égard des père et mère qui s'adonnent habituellement à l'ivrognerie et de ceux dont l'inconduite grave et prouvée serait de nature à compromettre la santé ou la moralité de leurs enfants » (art. 21, 6°). Le rapport de M. *Pradines* déclare que l'inconduite embrasse toutes les hypothèses : l'abandon, les exemples dangereux, les conseils pervers, les mauvais traitements résultant d'une sévérité outrée ou de la brutalité naturelle.

La déchéance entraînera-t-elle, si complète qu'elle soit, la suppression de tous les liens juridiques entre les père et mère et l'enfant? Le projet répond à cette question en disant qu'elle laisse subsister les obligations énoncées aux articles 205, 206 et 207 du Code civil. Enfin, au-dessus de ces devoirs réciproques continuera à planer la règle de l'article 371 aux termes de laquelle à tout âge l'enfant doit honneur et respect à ses père et mère.

La question de compétence et de procédure ne se soulève qu'en cas de déchéance facultative. La juridiction qui a qualité pour la prononcer et non pas le tribunal criminel, mais la chambre du conseil du tribunal civil. Quand la poursuite a lieu à la suite d'une condamnation, l'article 22 déclare que la chambre du conseil est saisie par le renvoi qui est de droit à la requête du ministère public. Le garde des sceaux a donné la raison de cette procédure : « Une expérience constante démontre, a-t-il dit, que lorsqu'un tribunal, à côté de son droit de juridiction principale, est investi d'un droit de juridiction accessoire, il omet fréquemment d'user du second. Il répugne d'ailleurs aux magistrats de statuer sur des faits qui ne leur paraissent pas avoir été l'objet d'une instruction spéciale (1). »

Si l'action est indépendante de toute condamnation, le droit de l'intenter appartient à la mère légitime ou naturelle, s'il s'agit du père, aux ascendants légitimes ou naturels, s'il s'agit du père ou de la mère. A l'égard des mineurs recueillis par la charité publique ou une association privée, c'est le président ou le représentant du comité départemental dont nous parlons plus loin, qui a le droit d'agir. Dans tous les cas le ministère public peut être requis de poursuivre.

La procédure est celle des articles 890, 892 et 893 du Code de procédure civile relatif à l'interdiction (art. 23).

Pendant l'instance la chambre du conseil prescrit relativement à la garde et à l'éducation de l'enfant les mesures provisoires qu'elle juge utiles (art. 24).

Quand la déchéance est définitive, que devient l'enfant? La mère, si elle existe, exercera-t-elle la puissance pater-

1. Rapport de M. Roussel.

nelle ? A son défaut nommera-t-on à l'enfant un tuteur selon le droit commun ? La mère associée pendant le mariage à la puissance paternelle en vertu de l'article 372, l'exerce seule quand le père est absent, interdit, placé dans une maison d'aliénés, etc. Il semble donc qu'en cas de déchéance du père, l'exercice de la puissance doit lui revenir. Mais cette mesure aurait souvent un grave inconvénient. Si les époux ne sont pas séparés de corps, la vie commune continue comme par le passé, ou reprend à l'expiration de la peine quand la déchéance s'ajoute à une condamnation criminelle. Or, l'action du mari sur sa femme est bien fréquemment prépondérante. Donc, l'enfant reste ou est destiné à se trouver un jour soumis aux mêmes dangers. D'autre part, la valeur morale de la femme peut être aussi nulle que celle du mari. Le projet a parfaitement compris les exigences de la situation. Il reconnait en conséquence au tribunal le pouvoir d'apprécier si, en raison des circonstances et des rapports entre époux, il n'y a pas lieu de déclarer que les droits de la puissance paternelle ne passeront pas en tout ou en partie à la mère (art. 28). A la mort du mari, l'état de subordination dans lequel elle se trouvait envers lui venant à cesser, il peut être équitable de lui confier la tutelle. L'article 28 lui accorde la faculté de convoquer le conseil de famille qui décide si la tutelle constituée continuera de subsister ou si elle appartiendra à la mère d'après les règles du droit commun. Dans la première hypothèse un recours lui est ouvert devant le tribunal contre la décision du conseil.

Si la mère est prédécédée ou déchue, si l'exercice de la puissance paternelle ne lui a pas été conservé, il y a ouverture à une tutelle. Il va sans dire qu'elle doit, autant que possible, être soumise aux règles générales, car il importe de ne déroger qu'en cas de nécessité absolue aux grands principes de notre législation ; mais comme il s'agit d'une loi protectrice de l'enfance, il fallait bien prévoir le cas où le conseil de famille n'offrirait aucune garantie. C'est ce que fait le projet en accordant au tribunal le droit de l'écarter. En ce cas l'enfant est pourvu du tuteur spécial dont nous parlerons bientôt (1).

1. En cas de déchéance, les droits du père et de la mère quant au consentement au mariage, sont exercés dans les mêmes conditions et par les mêmes personnes que si le père et la mère étaient décédés. Il en est de même quant au consentement à la tutelle officieuse, à l'adoption et à l'émancipation (art. 31).

La réhabilitation obtenue dans les termes des articles 619 et suivants du Code d'instruction criminelle fait cesser les effets de la déchéance encourue de plein droit ou prononcée facultativement à la suite d'une condamnation. Dans les autres cas, les père ou mère frappés de déchéance peuvent être admis à se faire restituer tout ou partie des droits qui leur auront été enlevés. L'action ne peut être introduite que trois ans après le jour où le jugement rendu contre eux est devenu irrévocable (art. 32).

CHAPITRE III

DES MESURES CONCERNANT LE PLACEMENT, LA GARDE, L'ÉDUCATION ET LE PATRONAGE DES ENFANTS DE LEUR TUTELLE.

Arrivons maintenant aux mesures générales applicables à toutes les catégories d'enfants dont s'occupe la loi. L'article 1 déclare que tout mineur de l'un ou de l'autre sexe, *abandonné, délaissé* ou *maltraité* est placé sous la protection de l'autorité publique.

Le mineur *abandonné* est celui dont les père et mère sont morts, ou disparus, ou inconnus, et qui n'a ni tuteur, ni parents légalement tenus aux aliments, ni amis qui veuillent prendre soin de sa personne.

Est assimilé au mineur abandonné celui qui, à raison de la maladie ou d'une incapacité physique ou intellectuelle dûment constatée, de l'émigration, de la détention ou de la condamnation de ses père, mère ou tuteur, se trouve sans aide ni moyens d'existence (art. 2).

Le mineur *délaissé* est celui que ses parents, tuteur, ou ceux à qui il a été confié, laissent habituellement dans un état de vagabondage ou de mendicité.

Est assimilé au mineur délaissé celui dont les parents

ou tuteur sont reconnus dans l'impuissance ou l'impossibilité de pourvoir à sa garde et à son éducation (art. 3).

Le mineur *maltraité* est celui dont les parents, tuteur, ou ceux à qui il est confié mettent en péril la vie, la santé ou la moralité, par des sévices ou mauvais traitements, par des habitudes d'ivrognerie ou leur inconduite notoire.

Est assimilé au mineur maltraité celui dont les père et mère ont été condamnés comme coupables de l'un des crimes ou délits prévus aux articles 20 et 21 (*voir le chapitre précédent*).

Les moyens imaginés pour assurer la protection de ces enfants ont, les uns un caractère *provisoire*, les autres un caractère *définitif*.

Un enfant de quelques années est trouvé errant dans les rues, quelque temps se passe avant qu'il soit réclamé, il faut d'urgence pourvoir à son sort. Il est nécessaire aussi que le jeune vagabond ou mendiant qui n'a pas commis de délit assez caractérisé pour justifier une poursuite, ait un refuge autre que l'hôpital ou la prison. Aux termes de l'article 5 amendé, tout agent de l'autorité publique qui a constaté qu'un enfant est abandonné, délaissé ou maltraité le conduit ou le fait conduire, *dans le plus bref délai* devant le juge de paix qui décide s'il doit être placé sous la protection de la loi. *Aussitôt après* la décision du juge, l'enfant recueilli est à la diligence du préfet, du sous-préfet ou du maire, confié provisoirement à la garde, soit de l'Assistance publique, soit d'une association de bienfaisance, d'un orphelinat ou autre établissement autorisé, soit d'une personne recommandable, jusqu'à ce qu'il ait été statué sur son sort. Dans les trois jours, le procureur de la République est averti. Il communique immédiatement la décision du juge au préfet.

Les mesures définitives concernant le placement, la garde, l'éducation, le patronage et la tutelle sont prises par le préfet, sur *l'avis conforme* d'un *Comité départemental* (art. 6). Ce comité composé de membres choisis dans la magistrature, les conseils municipaux, d'arrondissement, généraux, d'académie et d'hygiène publique, le clergé, les représentants de la charité publique et privée, a la direction générale du service dans le département. Il délibère sur toutes les questions qui intéressent le sort des mineurs protégés (1). Le rôle du préfet est celui du pouvoir exécutif.

Ce comité placé au centre du département n'a pas, on le comprend, les moyens de veiller de près sur chaque mineur, aussi pour que la protection soit réellement efficace le projet institue des *Comités cantonaux de patronage* (art. 11), et crée un service d'inspection (art. 41) (2).

1. L'article 9 accorde à ce *Comité* la personnalité civile, et l'article 10 l'appelle à recueillir les biens des enfants, dans les cas où ces biens reviendraient à l'État, d'après le droit commun. Dans la *séance du* 23 *mai*, le ministre de l'Intérieur a demandé la suppression de cette dernière disposition, en se fondant sur ce que l'État étant appelé à supporter la plus grosse part des frais, il serait injuste de lui retirer cette faible compensation de ses nombreuses dépenses. L'article a cependant été voté, mais la question sera examinée dans l'intervalle des deux délibérations.

2. En outre de ces deux comités le projet crée un *Comité supérieur* chargé de veiller de haut sur l'exécution de la loi et de donner son avis

Le soin d'élever les enfants appartiendra-t-il exclusivement à la charité publique, ou bien permettra-t-on à la charité privée de s'associer à cette œuvre d'humanité et de préservation sociale? Quand il y aura lieu à une ouverture de tutelle, la confiera-t-on comme le font les lois de pluviôse an XIII et de 1849 aux commissions administratives en province, au directeur de l'Assistance publique à Paris? Pourra-t-elle être déléguée? Le projet tranche ces diverses questions par les dispositions suivantes. Il recourt à tous les dévouements. En conséquence, la garde et l'éducation de l'enfant pourront être confiées à toute personne recommandable qui voudra s'en charger, aux associations de bienfaisance, orphelinats et administrations d'assistance publique. La désignation en est faite par le préfet, de l'avis conforme du comité départemental (1).

Il peut arriver que l'enfant soit recueilli directement, sans l'intervention de ses père et mère ou tuteur. En pareil cas, l'article 14 exige une déclaration au commissaire de

sur les règlements à faire, les autorisations à accorder et toutes les mesures propres à étendre les bons effets de la loi (article 40).

1. L'intention des auteurs du projet de s'adresser aux établissements de charité, œuvre de l'assistance libre, collective ou individuelle, a provoqué une *enquête* sur leur importance, leur nombre, leurs réglements, leurs arrangements avec les familles des mineurs, le régime auquel ceux-ci sont soumis, le sort qui leur est fait à leur sortie. Les résultats de cette enquête forment un énorme volume d'une lecture intéressante (*annexe au rapport de M. Roussel*). Les conclusions qui s'en dégagent pour l'honorable rapporteur se résument en une seule : « l'urgente nécessité reconnue et affirmée par les organes de la charité et de l'assistance libres des principales dispositions législatives soumises au sénat par sa commission. »

police dans le département de la Seine, au maire dans les autres départements. Si dans les trois mois l'enfant n'a pas été réclamé et si le Préfet n'a pas émis une décision contraire, les bienfaiteurs exercent *de plano* jusqu'à sa majorité les droits de garde, d'éducation, de correction, de gestion du pécule et le droit de consentir à son engagement volontaire dans l'armée (art. 15).

Quand les intérêts de l'enfant sont compromis, on peut, cela va sans dire, le retirer à l'établissement ou au particulier auquel il a été confié et le remettre à d'autres, le droit d'opposition est accordé par l'article16 aux parents ou tuteurs et au procureur de la République (art. 12 amendé). Dans la *séance du 26 mai*, M. *Bérenger* a demandé, poussé par un sentiment d'équité qui lui fait honneur, que les établissements privés eussent également un recours contre la décision qui leur enlèverait les enfants. Le Sénat a repoussé son amendement.

Parmi les causes qui ont amené l'abandon ou le délaissement, il en est, comme la misère, qui sont susceptibles de cesser. Si les parents réclament l'enfant, il ne faut ni le restituer, ni refuser de le rendre, à la légère. La remise a lieu sur un ordre du préfet après avis conforme du comité départemental. En cas de refus, les parents jouissent, contre la décision de l'autorité administrative, de la grande garantie du droit commun : le recours devant les tribunaux civils (art. 16).

La question de tutelle, avons-nous dit, est traitée dans le titre IV. Lorsqu'il n'a pas été statué sur ce point par l'autorité compétente, elle appartient au préfet assisté du comité départemental qui tient lieu de conseil de famille (art. 34). Les mots : lorsqu'il n'a pas été statué (etc.) font principalement allusion à la faculté reconnue au tribunal qui a prononcé la déchéance, d'écarter la constitution d'une tutelle d'après le droit commun. Dans tous les cas où le comité agissant comme conseil de famille ne procéderait pas à la nomination d'un subrogé-tuteur, l'inspecteur en remplit les fonctions. Nous avons regretté que la loi de pluviôse ne permît par la délation de la tutelle des enfants assistés, le projet autorise celle des mineurs dont il s'occupe au profit de toute personne honorable consentant à l'accepter.

Par un emprunt heureux à une des dispositions de cette loi, il dispense en principe le tuteur de l'hypothèque légale. Le Comité départemental peut toutefois, au cas où des biens adviennent au mineur, demander qu'une hypothèque générale ou spéciale soit constituée jusqu'à concurrence d'une somme déterminée (1).

La personne qui a recueilli le mineur, ou en a reçu la garde ou la tutelle, peut acquérir la tutelle officieuse. Les rédacteurs du projet sachant que la rigueur des conditions exigées dans le Code Civil avait beaucoup contribué à en rendre très rares les cas d'application, se sont montrés

1. Le Préfet procède à l'émancipation sur l'avis conforme du Comité départemental, par un simple acte administratif. L'acte est délivré sans autres frais que ceux d'enregistrement et de timbre. Les comptes de tutelle sont également rendus sans frais (art. 35).

moins exigeants. Il suffit que le particulier ait donné au mineur des soins pendant un an. En outre, le tribunal peut dispenser le demandeur des obligations de l'art. 361 et de l'art. 264 § 1 du Code.

Telles sont les principales dispositions du projet. Arrêtées après de longues discussions dans les commissions et aux réunions de la *Société générale des prisons*, elles sont pour la plupart excellentes, et appelées à exercer une très heureuse influence sur le maintien de l'ordre public.

Il est pourtant certains points qui ont provoqué des controverses, et ont été déjà ou seront bientôt l'objet de sérieuses discussions devant le Parlement. Telle est, entre autres, la question de savoir s'il convenait de choisir, dans le département de la Seine, pour les mesures définitives et la tutelle des enfants, le *préfet de la Seine* ou le *préfet de police*. Le projet donnait la préférence à ce dernier en se fondant sur les raisons suivantes. La loi du 23 *décembre* 1874, relative à la protection des enfants du premier âge, place ceux qui sont en nourrice ou en servage hors du domicile de leurs parents, sous la surveillance du préfet de police dans le département de la Seine. Il est naturel, a-t-on dit, de charger également ce fonctionnaire de la protection des enfants abondonnés, délaissés ou maltraités. En second lieu, et c'est la considération sur laquelle on a plus appuyé, dans le département de la Seine, le préfet est le supérieur direct de l'Assistance publique, par conséquent, il n'est pas dans une situation de parfaite neutralité par rapport aux différents éléments appelés à participer à la protection des enfants : son impartialité pourrait toujours être suspectée. D'autres ont même été plus loin en prétendant que si l'enfant est confié nominalement à l'administration de la Seine, il sera livré réellement à l'Assistance publique, dont les tendances sont d'arrêter, plutôt que de développer, l'émulation de la charité privée.

A ces raisons on a répondu en premier lieu que l'argument puisé dans la loi de 1874 n'a pas de valeur : la surveillance des enfants du premier âge n'ayant aucun rapport avec la protection et la tutelle des enfants délaissés et maltraités. S'assurer que la vie ou la santé d'un jeune enfant n'est pas compromise, est un rôle qui rentre sans difficulté dans les attributions de la police. Mais, celle-ci n'a jamais eu pour fonction d'exercer l'assistance, de gouverner la personne et d'administrer les biens d'enfants mineurs. Ce rôle ne peut appartenir qu'à des bienfaiteurs soit privés, soit revêtus de fonctions publiques, auxquels ne s'attache aucune idée d'investigation ou de répression. Quant à l'argument qui porte sur la faveur dont l'assistance publique serait l'objet au détriment des œuvres privées, ce qui démontre l'inexactitude de la critique, c'est d'abord le grand nombre des subventions accordées sur les budgets de la ville et du département à des sociétés protectrices de l'enfance ; c'est, en outre, cette considération essentielle que les dépenses auxquelles donnent lieu les enfants abandonnés s'élèvent à une somme telle qu'il serait impossible à une administration de supporter toute cette charge à elle seule. Enfin on aurait pu répondre par une observation qui nous semble péremptoire.

D'après l'économie du projet, aucune disposition n'est prise par le préfet sans l'*avis conforme du comité départemental* dont il n'est que l'*agent exécutif*. Or, la composition de ce comité assure à ses décisions la plus parfaite indépendance.

Ajoutons que si l'attribution du service au préfet de la Seine ne donne prise à aucune critique sérieuse, le choix du préfet de police aurait pu avoir de graves inconvénients. Ce que l'on doit principalement envisager, dans la question, c'est l'intérêt des enfants ; or, il est incontestable que la tutelle de ce fonctionnaire aurait été de nature à compromettre leur avenir. Un grand nombre de personnes ignorant leur situation réelle, les auraient facilement pris, non pour des enfants pauvres et abandonnés, mais pour des enfants coupables ou vicieux. D'un autre côté, la police est fort impopulaire ; l'aversion, le mépris qui l'entoure aurait certainement rejailli sur ses pupilles : ils auraient été déconsidérés, flétris. Le rapport de M. Roussel (p. 42) répond à cela qu'on ne saurait protester trop énergiquement contre une injuste et fâcheuse méprise qui consiste à ne voir dans la préfecture de police que certains services plus ou moins impopulaires. Nous répliquerons que la question n'est pas de savoir si son impopularité est ou non justifiée, mais si elle existe, et c'est un point qui ne fait aucun doute.

Dans la séance du Sénat du 18 mai dernier, l'attribution

au préfet de police défendue par M. Roussel, rapporteur du projet, et M. Hébrard, président de la commission, fut vivement attaquée par le Ministre de l'Intérieur et M. Clamageran. Le Sénat, par une importante majorité donna raison à ces derniers ; nous espérons que le débat est définitivement clos.

Quelques mots maintenant sur la création des trois comités. Les auteurs du projet en attendent les meilleurs résultats. Quant à nous, nous craignons que, composés en majeure partie de personnes remplissant des fonctions publiques importantes et disposant, par suite, d'un temps très limité, ils n'agissent pas toujours avec la régularité nécessaire, et cela d'autant plus qu'aucune sanction n'était possible contre les membres qui négligeraient leurs obligations. On a beaucoup reproché leur incurie aux commissions administratives : le même blâme ne pourrait-il pas bientôt être dirigé contre les comités. Cette observation, toutefois, n'est que l'expression d'une crainte ; l'avenir seul prouvera si elle est fondée.

Terminons par l'examen de l'article final du projet. Il mérite une sérieuse attention. Nous avons dit que le projet comprend dans ses termes les enfants trouvés et les orphelins et abandonnés même au-dessous de douze ans, c'est-à-dire ceux que la législation en vigueur confie aux hospices.

Comme les enfants délaissés et maltraités, l'article 1 les met sans distinction sous la protection de l'autorité publique. Toutes les mesures concernant le placement, la garde, l'éducation et la tutelle s'appliquent formellement à eux. Et pourtant l'article 49 déclare maintenus les lois et décrets qui régissent les enfants assistés en ce qui concerne leur admission, leur garde et leur tutelle. La contradiction est manifeste. Un enfant nouveau-né est trouvé sur la voie publique, les agents de l'autorité devront-ils le porter devant le juge de paix chargé de décider, en vertu du premier alinéa de l'article 5, si les enfants qui lui sont présentés sont dans les conditions requises pour être placés sous la protection de la loi? Cela ne fait pas de doute, les termes de l'article étant précis. En admettant qu'il soit ensuite confié aux soins de l'administration hospitalière, il sera sous la tutelle du préfet, et non pas du directeur de l'Assistance publique à Paris et des commissions administratives en province. A l'égard de cet enfant, le projet abroge donc implicitement le décret de 1811. Il en est absolument de même des orphelins et des enfants dont les parents ont disparu sans qu'on sache ce qu'ils sont devenus. Les seuls enfants auxquels la loi de pluviôse et le décret de 1811 semblent devoir continuer à s'appliquer, sont ceux que l'on portera directement à l'hospice. Et encore! rien n'est moins certain, puisque la définition des enfants abandonnés donnée dans l'article 2 est générale et ne les exclut pas.

Le maintien de la législation qui régit les enfants assistés est donc un leurre, puisque tacitement. on la sape dans sa base. En supposant même, ce qui nous paraît difficile, que, dans certains cas, la conciliation puisse se faire, qu'on remarque quel défaut d'unité règnera désormais dans la législation, déjà bien imparfaite, des enfants abandonnés ! Le devoir des chambres est de restreindre la loi aux seuls enfants dont aucun texte législatif n'assure la protection.

TABLE DES MATIÈRES

PREMIÈRE PARTIE

Des enfants abandonnés et des orphelins recueillis par la charité privée.

DEUXIÈME PARTIE

Des enfants recueillis par la charité publique ou *enfants assistés*.

TROISIÈME PARTIE

Du projet de loi sur la protection des enfants abandonnés, délaissés ou maltraités.

POSITIONS

DROIT ROMAIN

I. — C'est à tort que certains interprètes croient qu'il existait, dans le droit romain, une catégorie d'actes ayant un caractère particulier appelés *actus legitimi*. Cette opinion résulte d'une fausse interprétation de la loi 77 du titre *de diversis regulis juris*, 50-17, au Digeste.

II. — *L'animadversio constituta* contre celui qui expose son enfant (l. 2, *de expositis*, VIII-52 au Code), n'est pas, tantôt la peine extraordinaire mentionnée dans la loi 1, *de agnosc. et alend. lib.* (XV-3, Dig.), et tantôt la peine de la loi *Cornelia de sicaris*, infligée en vertu de la loi 15, XXVIII-8, Dig. ; mais la peine capitale résultant de la loi 8, *ad legem Corneliam de sic.* au Code.

III. — Sous Justinien, comme sous Constantin, le fait d'exposer son enfant est une cause de déchéance de la puissance paternelle. Il y a antinomie entre la loi 16, *de nuptiis*, V-4 au Code, et la loi 1, *de expositis*, VIII-52.

IV. — La novation par changement d'objet n'existait pas dans le droit romain.

DROIT CIVIL

I. — La surveillance des enfants du père qui a disparu, dans le cas de l'article 142, est une véritable tutelle, même quand elle est déférée aux ascendants.

II. — L'enfant naturel peut être adopté par le père ou la mère qui l'a reconnu.

III. — La reconnaissance d'un enfant naturel peut être faite par un mineur.

IV. — Depuis la loi du 5 mai 1869, le département est substitué aux hospices dans leurs droits sur les revenus et la succession des enfants assistés.

V. — Le consentement de la commission hospitalière au mariage des enfants assistés est exigé, pour les garçons, jusqu'à 25 ans.

VI. — Le Directeur de l'Assistance publique à Paris, tuteur des enfants assistés du département de la Seine, réunit les attributions du tuteur et du conseil de famille dans le droit commun.

DROIT PÉNAL

I. — Une condamnation par contumace devenue définitive par suite de la prescription de la peine donne lieu à l'application des peines de la récidive.

II. — En matière correctionnelle, les juges d'appel peuvent, sur l'appel *a minima* interjeté par le Ministère public mitiger la peine, ou même acquitter le prévenu, alors que ce dernier n'a point appelé du jugement qui le condamne.

III. — La déchéance de la puissance paternelle résultant de l'article 335 du Code pénal n'a lieu que vis-à-vis de l'enfant dont la débauche a été excitée, favorisée ou facilitée, et comprend seulement les droits énumérés au livre 1, titre 9, du Code civil.

IV. — Le transport à l'hospice par un père ou une mère, de son enfant légitime ou naturel, quand même il en résulterait une suppression de l'état de l'enfant, ne tombe sous le coup d'aucune pénalité. Les articles 345, 348 et 352 du Code pénal sont étrangers à cette hypothèse.

DROIT ADMINISTRATIF

I. — Le jugement d'expropriation est toujours, et indépendamment de la transcription, translatif de propriété.

II. — L'acquéreur d'une parcelle contiguë à celle qui a été expropriée ne doit pas être compris parmi les ayants-droits dont parle l'article 60 de la loi du 3 mai 1841.

III. — Quand le conseil municipal refuse de plaider, tout contribuable peut exercer l'action aussi bien en défendant qu'en demandant.

IV. — En vertu des articles 9 et 10 de la loi du 7 août 1851, les hospices sont assimilés complètement aux communes, tant pour les actions à intenter que pour les actions à soutenir.

Vu par le Doyen, Président de la thèse,
Ch. BEUDANT.

Vu et permis d'imprimer,
Le Vice-Recteur de l'Académie de Paris,
GRÉARD.

Imp. A. DERENNE, Mayenne. — Paris, boul. St-Michel, 52.

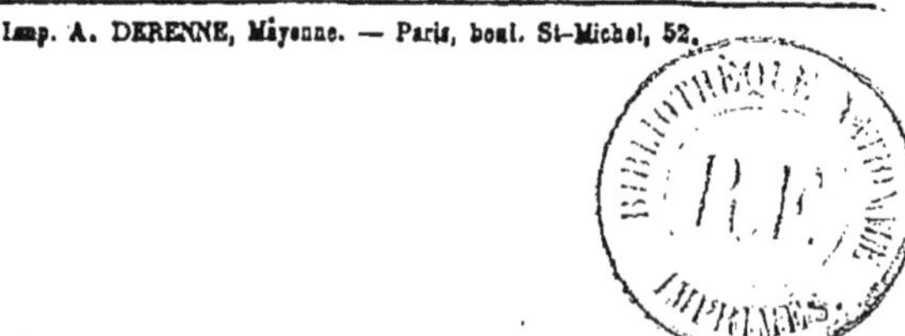

www.ingramcontent.com/pod-product-compliance
Ingram Content Group UK Ltd.
Pitfield, Milton Keynes, MK11 3LW, UK
UKHW020953230726
13923UKWH00007B/287